Ab 14 Jahren

Wolfgang W. Timmler

Kleine Stücke

Das Erzählcafé

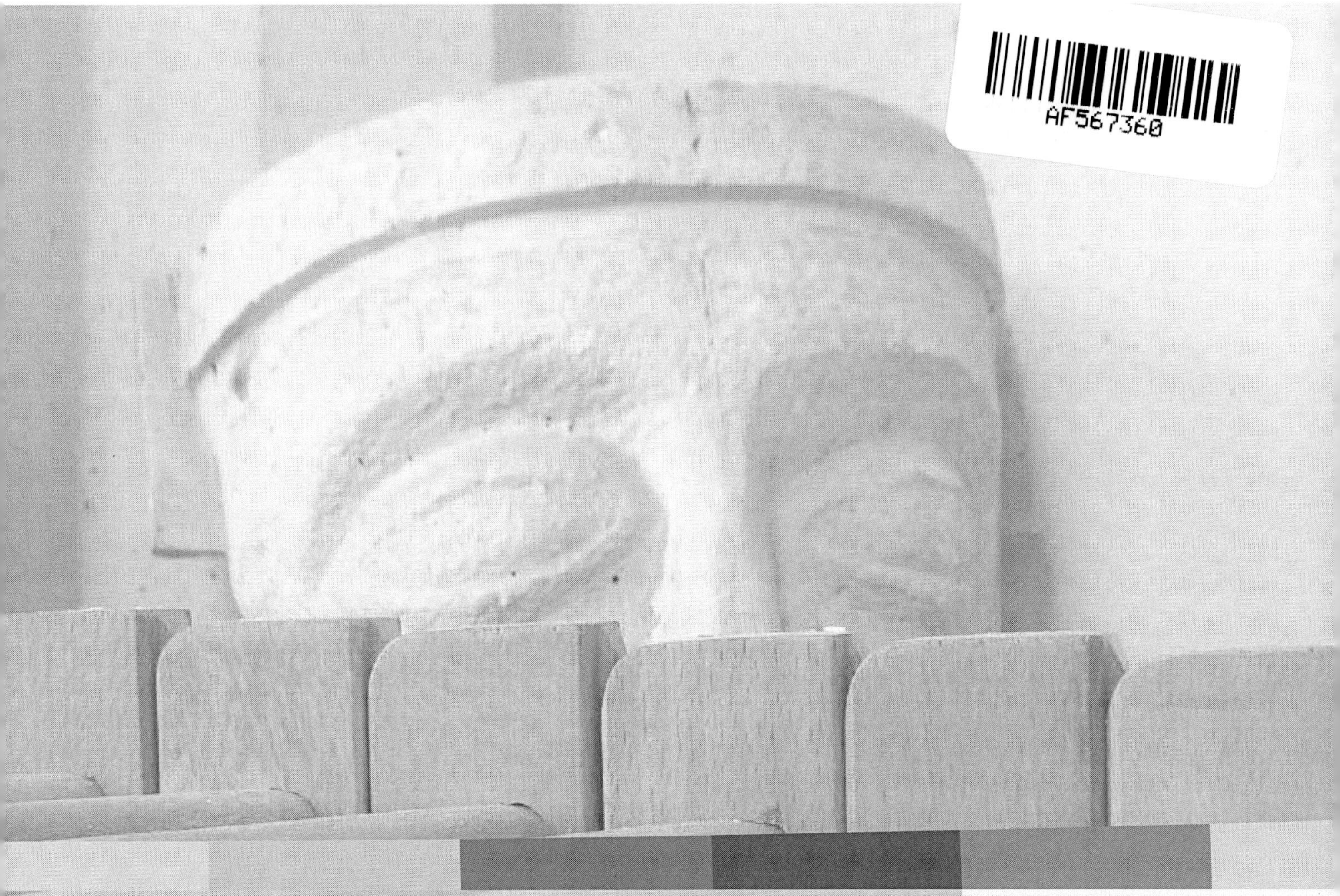

- Hausarbeit
- Passwörter
- Frottage
- Kaffee und Krümel
- Schuld und Schicksal
- Überzeit

www.kohlverlag.de

Kleine Stücke

Das Erzählcafé

1. Auflage 2019

Inhalt: Wolfgang W. Timmler
Redaktion: Kohl-Verlag
Grafik & Satz: Kohl-Verlag
Druck: farbo prepress GmbH, Köln

Bestell-Nr. 12 363

ISBN: 978-3-96624-036-9

INHALT

VORWORT

Die Sammlung von Bühnenstücken und Hörspielen enthält Übungs- und Lesetexte für Schüler der Sekundarstufen I und II ab 14 Jahren im Fach Darstellendes Spiel / Darstellen und Gestalten / Theater. Thematisch ist in den Stücken ein weites Feld abgesteckt, welches von Emigration und Integration bis Einsamkeit und Sterben reicht. Die Stücke sind zuvörderst Wort-Spiele und auch zum Lesen in der Klasse oder zur szenischen Lesung auf der Bühne geeignet. Als Episodenkompositionen können einige der Stücke außerdem in Auszügen szenisch dargestellt werden. Die Figuren sind lebensnah gezeichnet und samt und sonders in der modernen Welt zu Hause. Sie sprechen eine ungekünstelte Sprache, die modische Jargonismen meidet und den Sinnspruch und das Scherzwort liebt. Mit Rücksicht auf die beschränkten Mittel einer Schule stellen die Stücke keine großen Ansprüche an das Bühnenbild, die Kostüme und die Requisiten. In der Sammlung sind verschiedene Genres vertreten; der melodramatische Einakter ist darin ebenso zu finden wie der satirische Sketch und das Science-fiction-Hörspiel.

Viel Freude und erfolgreichen Einsatz wünschen Ihnen der Kohl-Verlag und

Wolfgang W. Timmler

HAUSARBEIT

Personen:

Lissy, Studentin
Fensterputzer
Beat, Lissys Bekannter
Cosmas, Lissys Zimmernachbar im Studentenwohnheim
Sven, Lissys Nachbar im Studentenwohnheim
Neda, Lissys Zimmernachbarin im Studentenwohnheim
Saskia, Lissys Freundin
Karin, Hannahs Schulkameradin
Hannah, Schülerin
Irina Labuda, Hannahs Mutter
Victor Labuda, Hannahs Vater
Polizistin
Schulrektor
Bauarbeiter, Arbeitskollege von Victor Labuda
Polizist

Die Rollen der Hannah und Lissy werden von derselben Schauspielerin dargestellt; auch die Rollen der Irina Labuda und der Polizistin übernimmt eine Schauspielerin; ebenfalls von einem Schauspieler werden die Rollen des Bauarbeiters und des Polizisten dargestellt. Fakultativ können außer diesen drei Doppelrollen auch andere Rollen in diesem Stück als Doppel- oder Dreifachrollen besetzt werden.

Kurzinhalt:

Nach einem heftigen Streit mit ihrer Mutter über das Vermächtnis des Vaters zieht sich Lissy ins Studentenwohnheim zurück, wo sie ein Tagebuch beginnt, während sie ein Filmexposé ausarbeitet.

Ort der Handlung:

Studentenwohnheim

Spieldauer:

50-65 Minuten

HAUSARBEIT

AUF DER BÜHNE SIND MEHRERE KABINEN IN EINER REIHE AUFGESTELLT. EINE KABINE STEHT LEICHT ERHÖHT WIE EIN BAUWAGEN UND IST ÜBER EINE HOLZTREPPE ZUGÄNGLICH. IN DIESER KABINE WOHNT LISSY. JEDE KABINE HAT ZUM ZUSCHAUERRAUM HIN EINE TÜR UND ZUM BÜHNENHIMMEL HIN EIN BLINDFENSTER MIT VORHANG. NACH OBEN SIND DIE KABINEN OFFEN WIE MESSEKOJEN. SÄMTLICHE KABINEN SIND EINHEITLICH AUSGESTATTET UND UNTERSCHEIDEN SICH EINZIG IM TÜRSCHMUCK, DER WECHSELN KANN UND MAL AUS EINEM FILMPLAKAT, MAL AUS EINEM KUNSTPOSTER, MAL AUS EINEM GRAFFITI, MAL AUS EINEM KALENDER ODER EINEM STRECKENPLAN BESTEHT, JE NACHDEM, WELCHEM ZWECK DER RAUM GERADE DIENT (STUDIERZIMMER, REKTORATSZIMMER, JUGENDZIMMER, TOILETTE, STRASSENBAHN). BIS AUF LISSYS KABINE SIND DIE TÜREN DER ANDEREN KABINEN ANFANGS GESCHLOSSEN. ÜBER DEN KABINEN HÄNGEN NEUNZEHN LEERE BILDERRAHMEN VOM SCHNÜRBODEN HERAB. ES IST ABEND, ALS LISSY OBEN AUF DER TREPPE SITZT UND IN EIN DIKTIERGERÄT SPRICHT. IHRE MITBEWOHNER SIND NOCH WACH, ABER NICHT ZU SEHEN; EINZIG DIE GEDÄMPFTEN GERÄUSCHE, DIE AUS DEN KABINEN DRINGEN, LASSEN ERAHNEN, WOMIT SICH DIESE GERADE BESCHÄFTIGEN, OB SIE FERNSEHEN, MUSIK HÖREN ODER AM COMPUTER SPIELEN. NACH JEDER TAGEBUCHEINTRAGUNG VERLÖSCHT DAS SZENENLICHT, UM DEN TAGESWECHSEL ANZUZEIGEN.

HAUSARBEIT

I.

LISSY: Donnerstag, der 19te. Schon wieder der halbe Monat vorüber! Vier Wochen habe ich noch, um die Hausarbeit abzugeben. Trotzdem wird mir die Zeit nicht ausreichen.

LICHTWECHSEL.

II.

LISSY: Freitag, der 20ste. Ich weiß nicht, was mich dazu gebracht hat, das gestern aufzunehmen. Ich habe schon einige Male ein Tagebuch begonnen und es nach einer Weile wieder sein lassen, weil ich mir plötzlich nicht mehr so sicher war, dass ich es in zehn Jahren noch hören möchte. Und ehrlich gesagt, - ich habe bis heute nicht so richtig verstanden, wozu ein Tagebuch überhaupt gut sein soll. Wenn mir danach ist, mich auszusprechen, dann mach' ich das bei einer Freundin und nicht vor einem Mikrophon.

LICHTWECHSEL.

III.

LISSY: Samstag, der 21ste. Ich denke, ich sollte doch noch einen Versuch wagen. Die Geschichte mit Mama ist wirklich gespenstisch gewesen. Ich glaube, ich bin da regelrecht abgestürzt wie mein Computer. Jedenfalls kam ich mir danach vollkommen leer im Kopf vor. Ich meine, es ist doch nicht normal, mit einundzwanzig Jahren loszuheulen wegen ein paar leerer Bilderrahmen, oder? Aber ich bin richtig wütend geworden, als Mama plötzlich mit dem Gedanken spielte, Papas Sammlung auf den Sperrmüll zu werfen. Warum habe ich so überzogen reagiert? Weil die Bilderrahmen eigentlich nicht ihr gehören? Oder weil ich mir einbilde, es sei meine Pflicht, mich um die Dinge zu kümmern, die Papa viel bedeutet haben? Ich kann nicht glauben, dass ich wirklich gesagt haben soll, die Bilderrahmen seien mein Besitz, bis Papa zurückkäme. Ich kann mich nur noch erinnern, gesagt zu haben, ich nehme die Rahmen mit ins Studentenwohnheim, denn zu Hause drohe ihnen ja die Endlösung. Und so teile ich meine elf Quadratmeter nun mit neunzehn leeren Bilderrahmen, einem Bett, einem Nachttisch, einem Waschbecken, einem Schrank, einem Spiegel, einem Bücherregal, einem Stuhl, einem Schreibtisch, einem Papierkorb, einem Drucker, einem Computer und einem Radio.

LICHTWECHSEL.

IV.

LISSY: Sonntag, der 22ste. Oder hatte ich mich wegen der Liebeskomödie so aufgeregt? Am Schluss war ich richtig verstimmt, dass sich die beiden nicht gekriegt haben. Ich gebe zu, der Mann war eine Spaßbremse und die Frau eine Chaotin, aber zusammen waren beide wirklich komisch, also in meinen Augen das ideale Paar. Warum kamen sie dann nicht zusammen? Blitz und Donner noch mal! So was zerstört bei mir jedesmal den Glauben an die Kunstfreiheit! Der Regisseur heißt Smithy, Alan Smithy. Ich verwette meinen Lippenstift, dass das ein Pseudonym ist. Nur wer etwas zu verbergen hat, nennt sich Alan Smithy. Dazu fällt mir ein gutes Zitat ein, aber wie mache ich das jetzt mit den Anführungszeichen? Ich kann die Anführungszeichen ja nicht sprechen. Oder soll ich sagen: Zitat, - und dann eine kleine Pause machen, bevor ich weiterspreche? Quatsch! Das ist hier doch kein Seminar! Ich sage das ja zu mir selber! Ich hab's! Ich spreche das mit verstellter Stimme. So höre ich mich an wie eine Erpresserin, und wenn ich das in zehn Jahren abspiele, werde ich neugierig und schlage das Zitat nach. Räusper, räusper.

LISSY SPRICHT FRANK, DEN KINDERMÖRDER, MIT VERSTELLTER STIMME.

FRANK, DER KINDERMÖRDER/LISSY: Du sollst nicht meinen Namen sagen.

LISSY SPRICHT WIEDER MIT NORMALER STIMME.

LISSY: Pah! Das klang nun eher wie eine mittelstarke Erkältung. Egal. So, was wollte ich noch sagen? Ach ja. Saskia hatte mir eine von ihren Mitarbeiter-Freikarten geschenkt. Der Film würde mich etwas von der Hausarbeit ablenken, meinte sie, aber ich denke, es lag am fehlenden Happy-End, dass ich mich nach dem Kino so richtig schlecht gefühlt habe. Irgendwie hat mir die Frau dann doch leid getan, dass der Mann einer anderen - wie heißt es so schön - versprochen war.

LISSY SPRICHT BEN, DEN LANGWEILER, MIT VERSTELLTER STIMME.

BEN, DER LANGWEILER/LISSY: Kleines, ich habe mich vor drei Monaten versprochen, ahm, verlobt, - kannst du mir verzeihen, Kleines?

LISSY SPRICHT SARAH, DIE CHAOTIN, MIT VERSTELLTER STIMME.

SARAH, DIE CHAOTIN/LISSY: Blitz und Donner noch mal! Nein! Du gottverdammter Feigling!

LISSY SPRICHT WIEDER MIT NORMALER STIMME.

LISSY: Halt, halt, halt! Alles Quatsch! Das war kein Zitat! Ich schwör's! Das ist kein Zitat gewesen! Großes Ehrenwort!

LICHTWECHSEL.

V.

LISSY: Montag, der 23ste. Hier liegt alles durcheinander, und beim Gedanken, meine Sachen aufräumen zu müssen, wird mir schwindlig, obwohl ich als Kind eigentlich sehr ordentlich gewesen bin. Zum Beispiel habe ich meine Legosteine immer nach Farben geordnet und keine Plastikenten mit ihnen gebaut, aber irgendwann, ich glaube, das muss so zwischen sieben und siebzehn gewesen sein, habe ich den Sinn dafür verloren. Seitdem kann ich es ruhig ertragen, wenn die Dinge nicht so sind, wie ich sie gerne hätte, weil ich mir sage, Ordnung ist doch ein Kinderspiel. Als ich hier eingezogen bin, war das Zimmer so gemütlich wie ein Marmeladenglas. Ich habe meine Sachen ausgepackt und dann abgewartet, was passieren würde, und ich war ziemlich erstaunt, als ich am nächsten Morgen feststellte, dass sich meine Sachen in der Nacht mit den fremden Möbeln gepaart hatten, meine Jeans mit dem Stuhl und mein Radio mit dem Nachttisch, der eigentlich ein verzauberter Hund ist. Mit einem Male war es richtig lebendig im Zimmer, und seitdem fühle ich mich hier so wohl wie zu Hause.

LICHTWECHSEL.

VI.

LISSY: Dienstag, der 24ste. Ich frage mich, wie ich die Audio-Datei nennen soll. Ich denke, es ist besser, ich gebe ihr eine Nummer und nicht meinen Namen, sonst meint Saskia noch, es sei ein Song von Yusuf Islam. Um den Inhalt besser zu schützen, könnte ich etwas Langweiliges am Anfang einfügen, zum Beispiel vier Minuten dreiunddreißig Sekunden Stille. Es ist merkwürdig, welche Macht die Musik über mich hat. Ich erinnere mich, wirklich geglaubt zu haben, ich bestehe die Zwischenprüfung, wenn ich mir vorher Karlheinz Stockhausen anhöre, aber von der Musik habe ich Schluckauf bekommen. Seitdem hasse ich mich für meine Empfindsamkeit.

LICHTWECHSEL.

VII.

LISSY: Mittwoch, der 25ste. Heute sind die Fensterputzer im Wohnheim gewesen. Sie machen auch in den Zimmern sauber, und Cosmas, mein Zimmernachbar, glaubt, dass sie dabei für die Ausländerpolizei spionieren, aber ich halte das für Schwachsinn. Wie der Fensterputzer zu mir kam, hat er erst einmal gestaunt.

DER FENSTERPUTZER KOMMT AUS EINER DER NACHBARKABINEN UND STEIGT AN LISSY VORBEI IN IHRE KABINE.

FENSTERPUTZER: So was sehe ich zum ersten Mal. Sind Sie ausgeraubt worden?

LISSY: Wieso?

FENSTERPUTZER: Ich meine, Sie haben an den Wänden hier nur leere Bilderrahmen hängen.

LISSY: Ach, die Bilder waren alles Fälschungen.

DER FENSTERPUTZER WISCHT UMSTÄNDLICH AM FENSTER HERUM.

LISSY: Ich frage mich, woraus besteht eigentlich ein Bilderrahmen - aus lackiertem Holz? Oder aus einer leeren Fläche? Und brauchen Bilder überhaupt einen Rahmen? Gesichter brauchen keinen Rahmen und Landschaften und Tiere auch nicht, aber Götter, ich denke, Götter brauchen einen Rahmen. Ohne Rahmen würde sie keiner als Götter erkennen, - aber Papas Rahmen mag ich so, wie sie sind. Mir gefällt zum Beispiel, wenn im Halbdunkel die Goldfarbe zu Honig wird. Die vielen Brandflecken stören mich nicht. Im Gegenteil. Sie wecken Kindheitserinnerungen. Ich sehe Papa vor den Rahmen stehen, eingehüllt in eine graue Wolke aus Tabakrauch. Eigentlich ist ein Bilderrahmen für den Blick bestimmt. Er soll den Augen den Weg weisen zu der anderen Welt, aber Papas Blick geht durch den Rahmen hindurch. Es gibt nichts zu betrachten. Der Rahmen ist leer. Bloß die kahle Wand ist zu sehen. Sonst nichts. Inzwischen frage ich mich, ob der leere Rahmen nicht eine Metapher ist. Womit ich nur andeuten will, warum ich Papas Sammlung zu mir geholt habe. Der Rahmen steht ja nicht für sich selbst. Er zeigt die Lücke.

LICHTWECHSEL. DER FENSTERPUTZER VERLÄSST LISSYS KABINE IN DER DUNKELPHASE.

VIII.

LISSY: Donnerstag, der 26ste. Ahm. Papa war Bildermacher und Nikotinist und beides mit der gleichen Leidenschaft. Er rauchte drei Schachteln Gitanes am Tag und besaß zwei Panoramakameras aus Japan. Mit ihnen konnte er Leute aufnehmen, ohne aufzufallen. Die kleinen Maschinen, die auf der Straße die Geschichten einsammelten wie Uhrwerke die Zeit, ließen ihn zwar selten im Stich, aber manchmal versagte die Mechanik eben doch ihren Dienst. „Das macht nichts!", sagte Papa, „die besten Bilder habe ich sowieso im Kopf." Dann steckte er sich eine neue Zigarette an. Papa rauchte nur französische. Sie waren so stark, dass er jedesmal ganz bleich wurde, wenn er einen Lungenzug machte. „Französischer Tabak regt den Geist an", sagte er, „amerikanischer tut das nicht." Er musste husten, und die Zigarette plumpste auf den Teppich. Wie gelähmt starrte er sie an. Ich machte mit den Fingern eine Schere und pickte nach dem weißen Gifthalm. „Danke, mein Engelchen!", sagte er, als er wieder atmen konnte. „Das wäre nicht die erste Wohnung, die ich in Brand gesteckt hätte."
Seine Stimme klang rau und roch nach verbrannten Autoreifen. Das Zigarettenpapier verfärbte sich an der Spitze rot. Dann schoss aus seinem Mund eine bläulich verfärbte Wolke, die sich einige Sekunden lang im Zimmer hielt. Er beugte sich leicht vor und klopfte die Asche von der Zigarette. Graue Schneeflocken rieselten in die gelb lackierte Filmpatrone, die ihm als Aschenbecher diente. Dass er seine Lunge schließlich in diesem Stück Blech lassen würde, wusste ich damals nicht. Ich sah nur, wie die Wolke träge in der Luft zerfloss, aber ich konnte mir damals nicht vorstellen, dass Papa einmal an ihr ersticken würde. „Willst du nicht rausgehen und die Luft etwas belasten?", sagte Mama. „Die Schadstoffwerte sind heute so niedrig."
Papa küsste Mama kaum noch, aber wie hätte er auch? Entweder zündete er sich gerade eine neue Zigarette an, oder er hatte einen Hustenanfall. Und so ging nach und nach auch ihrer Liebe die Luft aus. Papa war Freigeist und glaubte an nichts, auch nicht an die Statistik, die besagte, dass sich erst der Mann die Zigarette und dann die Zigarette den Mann holen würde, während Mama die Dame auf der Zigarettenschachtel wirklich hasste, weil sie ihr ständig den Mann wegnahm, aber mehr noch als die französische Carmen hasste Mama jedoch seine Sammlung, denn anstatt sich von den schwarzen Kästen zu trennen, die hin und wieder das Licht nicht in die Falle ließen, war Papa der Gedanke gekommen, in der Wohnung ein Museum der Phantasie zu gründen; für jedes beste Bild, das er nicht auf Film hatte, kaufte er sich einen Rahmen und hängte ihn im Wohnzimmer an die Wand.
„Was ist das?", wollte Mama wissen.
„Konzeptkunst", erklärte Papa und saugte an der Zigarette.
„So, so", sagte Mama. „Und was ist das?"
„Kon-zept-kunst", buchstabierte Papa; dann ließ er den Rauch ganz langsam durch die Nasenlöcher heraus, um Mama zu ärgern.
„So, so", sagte Mama und stürmte in die Küche; dann hörten Papa und ich ihre Improvisation für Porzellan und Geschirrspülmaschine.
„Schatz, wenn du das Beil suchst", rief Papa, „es ist im Keller."

LICHTWECHSEL.

IX.

LISSY: Freitag, der 27ste. Manchmal ist es nur eine Kleinigkeit, welche dazu führt, dass einem alles zuwider wird. Das Studium bringt mich regelrecht um. Keiner hilft mir, aber alle wollen etwas von mir. Wenn der Dozent mich richtig verstanden hätte, müsste ich jetzt nicht durch diese Hölle von Hausarbeit gehen. Bitte, bitte, lieber Gott, mach', dass ich die Arbeit fristgerecht abgebe!

LICHTWECHSEL.

X.

LISSY: Samstag, der 28ste. Die Geschichte mit Mama wäre bestimmt nicht passiert, wenn ich vorletztes Wochenende hiergeblieben wäre, aber ich musste einfach mal weg hier - na ja, einfach war es eigentlich nicht, weil --- he, he, he! Ich kann mein dreckiges Grinsen schon vor mir sehen, wenn ich mir das in zehn Jahren wieder anhöre! Also, selbstverständlich - fast hätte ich jetzt *natürlich* gesagt, weil heutzutage alle *natürlich* sagen, wenn sie *selbstverständlich* meinen, aber seit wann ist etwas natürlich, das sich von selbst versteht, - so einfältig ist die Natur dann doch nicht, oder? Na ja, jedenfalls ist es wegen eines Kerls gewesen. Er heißt Beat und studiert Theaterwissenschaft wie Saskia. Ich habe ihn vorher nicht gekannt, aber von anderen gehört, dass er gut aussieht, - etwas zu gut oder einen Tick zu viel Photoshop, wie Saskia meint, die ihn richtig hasst, seit beide gemeinsam ein Referat geschrieben haben. Sein Kapitel war wirklich schlecht - nur Definitionen aus Büchern. Saskia hätte ihn echt erwürgen können dafür. Na ja, wenigstens hat sie das Referat nun hinter sich und keine Hausarbeit mehr vor sich so wie ich. Beat habe ich dann auf einer Party zum ersten Mal gesehen und bin ihm - wie soll ich sagen - auch gleich - na? Nein, das würde jetzt zu märchenhaft klingen. Außerdem würde ich mir das Wort selbst in zehn Jahren nicht verzeihen! Niemals! Da bin ich mir sicher! Im Märchen tun die Wörter ja so, als gebe es das tatsächlich, was sie sagen, den Mond, das Mädchen, die Liebe, dabei gibt es den Mond nicht so, wie es das Mädchen gibt, und die Liebe gibt es vielleicht überhaupt nicht, - aber ich merke, ich stricke schon wieder. Also, mein liebes Ich, - marsch!, marsch!, zurück auf Start! Saskia und ich haben erst hier ein bisschen gefeiert, dann sind wir zu einer Party, und dort ist es dann passiert, - Quatsch! - was heißt passiert? Eigentlich war gar nichts. Wir haben getanzt und uns zum Abschied geküsst, und mein Ich ging danach ziemlich verwirrt nach Hause und fragte sich: Was wird morgen sein, was meinst du, mein Ich? Und welche Antwort bekam mein Ich auf die Frage? Erst mal gar keine! Ein Gespenst von Antwort erschien ihm dann auf der nächsten Party, als mein Ich sah, wie Beat mit dem Engländer flirtete. Und was tat mein Ich? Es sah nicht hin! Und als mein Ich Beat mit dem Engländer weggehen sah? Was tat mein Ich da? Nichts. Und als mein Ich Beat zwei Tage später in der Straßenbahn begegnete, was tat mein Ich da? Nein, nicht wieder nichts! Mein Ich brachte nur keinen einzigen vernünftigen Satz heraus. Ja, so ist mein Ich! Und dafür würde sich mein Ich nun am liebsten selbst in den Hintern treten.

BEAT FÄHRT AUF EINEM SKATEBOARD ODER ROLLER AUS EINER KABINE UND HÄLT VOR LISSYS TREPPE.

BEAT: Kennen wir uns?

LISSY: Lissy.

BEAT: Lissy, richtig. Wie geht's dir?

LISSY: Gut.

BEAT: Bestimmt?

LISSY: Ja, alles okay.

<u>BEAT</u>: Du siehst müde aus.

<u>LISSY</u>: Ich habe ziemlich viel um die Ohren.

BEAT FÄHRT EINE SCHLEIFE.

<u>LISSY</u>: Mein Ich musste gähnen. Peinlich.

BEAT HÄLT AN.

<u>LISSY</u>: Entschuldigung.

<u>BEAT</u>: Gähnen soll ansteckend sein.

<u>LISSY</u>: Ja, sagt man.

<u>BEAT</u>: Wie lachen.

<u>LISSY</u>: Ja.

BEAT FÄHRT WIEDER EINE SCHLEIFE.

<u>LISSY</u>: Grrr! Ich bin so eine Idiotin! Warum kann ich nicht aufhören, mich wie eine Idiotin zu benehmen? Ja, wieso wohl nicht? Weil ich eine Idiotin bin!

BEAT HÄLT WIEDER AN.

<u>LISSY</u>: Entschuldigung.

BEAT NICKT UND FÄHRT IN DIE KABINE ZURÜCK.

<u>LISSY</u>: Grrr! Das Gähnen war so was von daneben! Na ja, und dann fuhr mein Ich übers Wochenende nach Hause, weil es dachte, das wäre die beste Gelegenheit, um etwas Abstand zu gewinnen, und nun hofft mein Ich, dass es diesen Beat so schnell nicht wiedersieht.

LICHTWECHSEL.

XI.

<u>LISSY</u>: Sonntag, der 29ste. Mein Problem ist, dass ich mich nicht die ganze Zeit mit der Hausarbeit befassen kann. Ich bekomme Kopfschmerzen, wenn ich länger vor dem Bildschirm sitze, aber dann und wann gibt es auch Lichtblicke. Ich lese gerade klassische Märchen und merke, dass mich das Kino völlig verdorben hat.

LICHTWECHSEL.

XII.

LISSY: Montag, der 30ste. So wie Saskia hätte ich mich nie auf ein Gruppenreferat eingelassen. Ich arbeite am liebsten alleine, weil ich mir nicht von einem Kerl sagen lassen möchte, ich würde was falsch machen oder was nicht hinkriegen, weil ich nicht so denken könnte wie ein Kerl. Klar, alle Ideen ändern sich, während du sie umsetzt, aber wenn ich weiß, die Idee steckt in meinem Kopf, dann muss ich sie bloß rauslassen, und dazu brauche ich doch keinen Kerl. Nein, danke.

LICHTWECHSEL.

XIII.

LISSY: Dienstag, der 1ste. Ein Studentenwohnheim ist ein Flüchtlingsboot aus Beton. Es macht in keinem Hafen fest, und die Stadt ringsum ist das Meer. Bei Cosmas steht die Tür auf. Ich höre ihn und Sven stöhnen. Sie haben die Schuhe ausgezogen und spielen. Ich hacke meine Hausarbeit gerade mühsam mit zwei Fingern in die Tastatur, als Neda in der Gemeinschaftsküche über das viele schmutzige Geschirr zu schimpfen beginnt. Plötzlich splittert Glas.

DIE STIMMEN VON COSMAS UND SVEN KOMMEN AUS DER NACHBARKABINE VON LISSY, WO DIE TÜR AUFSTEHT.

COSMAS: Sseise!

SVEN: Volltreffer, Cosmas!

LISSY: Großes Gelächter. Wahrscheinlich hat Cosmas gerade ein Spitzentor gemacht, aber ich werde wohl nie – und Sven und Cosmas können mir da viel erzählen, ich werde wohl nie ganz verstehen, wie die beiden es ohne Umweg vom Kindergarten an die Universität geschafft haben.

DIE STIMMEN VON COSMAS UND SVEN KOMMEN AUS DER NACHBARKABINE VON LISSY.

SVEN: Das ist Zimmerhockey, Neda!

DIE STIMME VON NEDA KOMMT AUS DER ANDEREN NACHBARKABINE VON LISSY, WO EBENFALLS DIE TÜR AUFSTEHT.

NEDA: Was du nicht sagst, Sven. Und wer repariert jetzt die Lampe im Flur, du Armleuchter?

DIE STIMME VON COSMAS KOMMT AUS DER NACHBARKABINE VON LISSY.

COSMAS: Neda, was ssoll das ssein?

DIE STIMME VON NEDA KOMMT AUS DER ANDEREN NACHBARKABINE VON LISSY.

NEDA: Was?!

DIE STIMME VON COSMAS KOMMT AUS DER NACHBARKABINE VON LISSY.

COSMAS: Die Armleuchter?

DIE STIMME VON NEDA KOMMT AUS DER ANDEREN NACHBARKABINE VON LISSY.

NEDA: Du nervst, Cosmas!

LISSY: Noch größeres Gelächter. Neda tut mir leid. Irgendwie erinnert sie mich an Jeanne d'Arc, obwohl ich mich an Jeanne d'Arc eigentlich gar nicht erinnern kann. Wie denn auch? Ich habe Jeanne d'Arc ja nie gesehen und mich auch nie mit ihr unterhalten. Ich habe bloß von ihr gehört, oder besser gesagt, ich habe etwas über sie gelesen. Ich frage mich, wie ist das möglich, dass ich mich an Jeanne d'Arc erinnern kann, wenn ich sie überhaupt nicht gekannt habe? Das ist genauso verrückt wie die Sterne durch ein Fernrohr zu betrachten oder auf dem Heimweg hinter sich zu schauen; niemand schaut auf dem Heimweg hinter sich, aber alle können durch ein Stück Glas in die Vergangenheit blicken. Das ist doch vollkommen irre, oder ist es das etwa nicht? Plötzlich steigert sich das Stöhnen. Aha, letzte Runde!

DIE STIMMEN VON COSMAS UND SVEN KOMMEN AUS DER NACHBARKABINE VON LISSY.

SVEN: Elf zu drei.

COSMAS: Sseise!

LISSY: Sven hat haushoch gewonnen. Nein, ich habe damit kein Problem, überhaupt nicht.

LICHTWECHSEL.

XIV.

LISSY: Mittwoch, der 2te. Ich wünschte, ich könnte meine Hausarbeit in dem Tempo schreiben, wie ich spreche, also eine Seite in fünf Minuten, und ich bemitleide wirklich alle, die nicht so schnell sprechen können wie ich.

LICHTWECHSEL.

XV.

LISSY: Donnerstag, der 3te. Oh, wie ich diesen schwedischen Frischluftfanatiker hasse! Ständig gibt es Streit, weil Sven das Fenster aufreißt, wenn er in die Gemeinschaftsküche kommt. Ich vertrage kein bisschen Zugluft und werde immer gleich krank. Ich wette, wenn ich mich hier gesund aus dem Fenster stürze, dann komme ich unten garantiert mit einer Erkältung an.

LICHTWECHSEL.
LISSY SITZT AUF DER TREPPE UND SCHLÄGT IHR MANUSKRIPT AUF. SIE STELLT DAS DIKTIERGERÄT AUF AUFNAHME UND BEGINNT VORZULESEN.

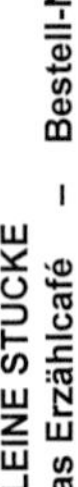

XVI.

LISSY: Freitag, der 4te. Dingdangdong. Es soll doch tatsächlich Leute geben, die noch nie etwas von Zimmerhockey gehört haben. Für sie ist diese kleine Einführung gedacht. Also, es gibt Eishockey, Feldhockey, Hallenhockey und Zimmerhockey. Eishockey und Hallenhockey werden gewöhnlich im Winter gespielt, wenn im Freien kein Feldhockey möglich ist, während Zimmerhockey das ganze Jahr über gespielt werden kann. Im Gegensatz zu Feldhockey ist Zimmerhockey aber keine olympische Sportart. Das Internationale Olympische Komitee hat es nicht als Wintersportart anerkannt. Beim Zimmerhockey ist nur ein ebener Platz als Spielfläche geeignet. Der flauschige Langflorteppich im Schlafzimmer oder das Bärenfell vor dem offenen Kamin im Wohnzimmer scheiden als Spielplätze aus. Vielfach bewährt haben sich die flachgewebten, strapazierfähigen Teppichböden in den Büros, wo das Spiel auch entstanden ist. Das Spielfeld kann rechteckig oder rund sein. Die Zimmertür bildet das Tor und steht während des gesamten Spiels offen. Zimmerhockey ist ein Sportspiel, bei dem ein Ball möglichst oft in das Tor zu schlagen ist, während Tore des Gegners zu verhindern sind. Der Ball kann beliebigen Umfang haben, sollte aber nicht schwerer sein als ein Tennisball. Als Spielstock oder Schläger dient ein Kleiderbügel. Er muss nicht aus Holz sein, auch Kleiderbügel aus Draht oder Plastik sind erlaubt. Die Länge ist ebenfalls nicht vorgeschrieben, beträgt aber im Durchschnitt fünfundvierzig Zentimeter. Der Ball darf nur mit dem Bügel und nicht mit dem Haken gespielt werden. Das Spiel wird ohne Schuhe gespielt, entweder in Socken oder barfuß. Jede Mannschaft besteht aus mindestens einem Spieler, der zugleich Torwart und Feldspieler ist. An einem Spiel sind höchstens drei Mannschaften beteiligt. Die Spielzeit beträgt zweimal fünf Minuten. Das Spiel wird durch Abschlag eröffnet. Der Ball liegt in der Mitte des Zimmers zwischen den Spielern. Sie berühren mit ihren Kleiderbügeln dreimal den Boden rechts vom Ball und sagen: Blitz und Donner noch mal! Dann versuchen sie, den Ball ins Tor zu spielen. Die Spielregeln fordern den ganzen Körpereinsatz im Zweikampf mit dem Gegner. Halten, Rempeln, Schubsen, Sperren, Stoßen und Treten sind ausdrücklich erlaubt. Nur das Berühren des Balles mit der Hand oder dem Fuß gilt als grober Fehler und wird mit einem Strafschlenz geahndet. Der Strafschlenz ist von der Mitte des Zimmers auszuführen. Der Ball wird mit dem Kleiderbügel angehoben und in Richtung Tür geschleudert. Schlagen ist verboten. Der Spieler, der den Ball mit der Hand oder dem Fuß berührt hat, steht anderthalb Schritte vor der Tür und muss den Ball abwehren; lässt er den Ball durch, zählt das Tor doppelt. Früher ist Zimmerhockey nur von Büroangestellten gespielt worden, aber inzwischen zählt es auch in Studentenwohnheimen zu den Freizeitvergnügen. Dingdangdong.

LICHTWECHSEL.

XVII.

LISSY: Samstag, der 5te. Die Erkenntnis beim Erwachen heißt - Erleuchtung. Wie ein Stern geht sie über dem Kopfkissen auf. Blitz und Donner noch mal! Was für ein Charakter! Was für eine Begabung! Was für ein Verstand! Also, gut, ich höre ja schon auf, von mir selbst zu sprechen. Wie geht es dir? Nun, sag' schon, wie geht es dir in zehn Jahren? Das würde mich jetzt wirklich interessieren. Großes Ehrenwort.

LICHTWECHSEL.

XVIII.

LISSY: Sonntag, der 6te. Vom Küssen kriegen Männer ein Doppelkinn. Ich habe das heute ganz genau beobachtet.

LICHTWECHSEL.

XIX.

LISSY: Montag, der 7te. Blitz und Donner noch mal! Ich muss ständig an ihn denken, ob ich will oder nicht. Ich habe schon ein paar Mal versucht, nicht an ihn zu denken, aber es gelingt mir einfach nicht. Ich sehe überall seinen Namen, mal verschwommen und schemenhaft wie im Nebel, mal klar und deutlich wie auf dem Bildschirm, mal höre ich den Namen sogar im Radio, wo sie wohl einen ganzen Musikstil nach ihm benannt haben: Béat-Musik. Viele Moderatoren sprechen das Wort falsch aus, weil sie nicht wissen, dass Beat eigentlich ein Name ist. Sie denken, beides seien englische Wörter und sagen: Biet-Mjuhzik, - aber das ist grottenfalsch. Beat ist lateinisch - Beatus, Beatum - und Musik griechisch - musa. Ich muss mal einen Hörerbrief an den Sender schreiben, um die klassische Bildungslücke zu schließen.

LISSY SINGT DEN REFRAIN DES SONGS „YOU TURN ME ROUND (LIKE A RECORD)“ DER BRITISCHEN POPGRUPPE „DEAD OR ALIVE“ (1985).

LISSY: Du! Du drehst mich ganz rum, du Kerl!
Ganz rum, als wär’ ich ein Kreisel,
Ganz rum, rum, rum.
Du drehst mich ganz rum, du Kerl!
Ganz rum, als wär’ ich ein Kreisel,
Ganz rum, rum, rum.
Du drehst mich ganz rum, du Kerl!
Ganz rum, als wär’ ich ein Kreisel,
Ganz rum, rum, rum.
Du drehst mich ganz rum, du Kerl!
Ganz rum, als wär’ ich ein Kreisel,
Ganz rum, rum, rum.

LISSY: Nicht an ihn zu denken, fällt mir genauso schwer wie - na ja, wie soll ich sagen? - es ist mir genauso unmöglich wie an nichts zu denken. In meinem Kopf ist irgendwie kein Platz für das Nichts. Ich meine, ich kann einfach nicht an nichts denken. Wenn ich Nihilistin wäre, dann würde ich dazu imstande sein, weil alle Nihilisten an nichts denken können müssen, aber ich bin nun mal keine Nihilistin, - ich bin Pessimistin. Ich trage zum Beispiel schwarz, weil es keine Farbe gibt, die noch dunkler ist.

LICHTWECHSEL.
LISSY SITZT AUF DER LEITER UND SCHLÄGT IHR MANUSKRIPT AUF. SIE STELLT DAS DIKTIERGERÄT AUF AUFNAHME UND BEGINNT VORZULESEN.

XX.

LISSY: Dienstag, der 8te. Verdutzt starrte Hölderlin auf das weiße Pferd, das ihm plötzlich in der Wolke erschienen war. Vorsichtig berührte er die Wolke mit der Hand. Sie fühlte sich kalt und feucht an. „Ich muss wissen, wie die Wolke von innen aussieht", dachte er und ging auf das weiße Pferd zu. „Ruhig", sagte er, „ganz ruhig." Das weiße Pferd rührte sich nicht. „Mir wird gleich schwindlig", dachte Hölderlin, als er seine Füße unter dem milchigen Schleier nicht mehr erkennen konnte. Er streckte die Hand aus. Das weiße Pferd fühlte sich kalt und feucht an. „Merkwürdig", dachte er, „das Pferd hat die weiße Wolke verschluckt, und gleich wird es auch mich verschlucken." Schweißgebadet schreckte Hölderlin hoch. Zum Glück war es nur ein Traum gewesen, ein Alptraum, Gott sei Dank.

LICHTWECHSEL.

XXI.

LISSY: Mittwoch, der 9te. Ich glaube, ich laufe schon die ganze Zeit in die falsche Richtung. Was soll's? Wenn ich mich jetzt beeile, dann erreiche ich mein Ziel trotzdem nicht.

LICHTWECHSEL.

XXII.

LISSY: Donnerstag, der 10te. Heute wechseln sie das Kinoprogramm, und Saskia hat ihren großen Auftritt in Saal 5. Wer weiß, vielleicht verirrt sich ein Regisseur dorthin und entdeckt sie, und Saskia macht Karriere. Den Auftritt hat sie den ganzen Vormittag geübt, und ich war ihr Repetitor.

SASKIA KOMMT AUS EINER NACHBARKABINE VON LISSY UND GEHT ZUR TREPPE. ALS ERSATZ FÜR DIE KÜHLBOX DIENT IHR EINE GROSSE UMHÄNGETASCHE.

SASKIA: Das habe ich gesagt, aber dann habe ich es nicht gut gesagt.

LISSY: Du hast es nicht gesagt. Du hast es einfach weggelassen.

SASKIA: Nein.

LISSY: Zum Schluss kommt doch: *Ich zähle jetzt bis drei.* Das kommt doch kurz vor dem Schluss, oder?

SASKIA: Ich habe es gesagt, aber nicht gut, wenn du es nicht gehört hast.

LISSY: Wann kommt das denn? Ich habe den Text ja nicht vor mir.

SASKIA: Nach *Ich sehe schon, ---*

LISSY: Ja, genau!

SASKIA: --- *die Stimmung ist heute ---*

HAUSARBEIT

LISSY: Blitz und Donner noch mal! Jetzt ist mir wirklich etwas Merkwürdiges passiert. Ich habe darauf gewartet, dass du das sagst, und wahrscheinlich hast du das in dem Augenblick auch gesagt, aber ich habe es völlig überhört. Das ist doch wirklich merkwürdig, findest du nicht auch?

SASKIA: Doch, ein bisschen merkwürdig finde ich das schon, dass du immer *Blitz und Donner noch mal!* sagst. Ich will noch eine Probe machen, aber ein bisschen gedehnter. Ich würde lieber Pausen machen als den Text breiter sprechen.

LISSY: Ja, breiter sprechen ist nichts.

SASKIA: Ich dachte zuerst, ich hätte zu schnell gesprochen.

LISSY: Ja, du warst ein bisschen schnell, aber das klang sauber, und du warst auch nicht zu schnell. Ich habe alles verstanden. Ich habe den Text ja nicht vor mir. Ich höre dir nur zu. Bei *Drei* musste ich lachen.

SASKIA: Willst du den Text haben, Lissy?

LISSY: Nein, ich höre dir lieber zu.

SASKIA: Gut. Nimmst du das zur Kontrolle wieder auf?

LISSY: Das tue ich schon die ganze Zeit.

SASKIA: Wie? Du nimmst uns schon die ganze Zeit auf?

LISSY: Ja.

SASKIA: Wahrscheinlich huste ich jetzt gleich. Das kannst du dann rausschneiden und an einen Radiosender verkaufen als holländische Krankheit.

LISSY: Also, das Licht geht an, und du betrittst den Saal. Von links, Saskia, du kommst von links. In Deutschland geht die Sonne links auf und rechts unter.

SASKIA: Links, richtig, da, wo das Herz ist.

.

LISSY: Gehen. Gehen. Gehen. Halt. Vierteldrehung mit der Kühlbox zum Publikum. Und Action!

SASKIA: Möchte jemand Eis? Erdbeer, Banane, Himbeer, Joghurt, Vanille, Kirsche, Zitrone? Was haben wir noch? Schokolade? Ich sehe schon. Die Stimmung ist heute nicht so. Also gut, dann zähle ich jetzt bis drei. Vielleicht überlegt es sich ja noch jemand anders. Drei.

LISSY: Perfekt!

SASKIA MACHT EINE KLEINE VERBEUGUNG ZUM PUBLIKUM UND GEHT NACH RECHTS IN DIE NACHBARKABINE VON LISSY AB.

<u>LISSY</u>: Ich wünsche Saskia wirklich, dass sie das Stipendium kriegt und nicht länger Popcorn und Eis verkaufen muss. Blitz und Donner noch mal! Sie ist so klug und sieht gut aus. Ich meine, gut im Sinne von freundlich und fröhlich und so. Ach! Verfluchtes Hungerstudium!

LICHTWECHSEL.

XXIII.

<u>LISSY</u>: Freitag, der 11te. Es gibt Tage, wo ich morgens mit einer Melodie im Kopf aufstehe und abends mit ihr wieder zu Bett gehe. Mal ist sie bombastisch, mal melancholisch, mal leichtsinnig, mal so albern, dass ich mich schon für sie schäme. Zum Glück können die Leute nicht hören, wie es in mir tönt, zum Beispiel die Melodie jetzt, die macht mich so traurig, dass ich mich am liebsten selbst in die Psychiatrie einweisen möchte.

LISSY SUMMT DEN REFRAIN DES SONGS „SAD LISA" DES BRITISCHEN POP-SÄNGERS CAT STEVENS (1970).

<u>LISSY</u>: Di-da-di. Dah.
Dih. Di-da-di. Dah.

Di-da-di. Dah.
Dih. Di-da-di. Dah.

Di-da-di. Dah.
Dih. Di-da-di. Dah.

Di-da-di. Dah.
Dih. Di-da-di. Dah.

In der Straßenbahn saß mir heute eine Schülerin gegenüber. Sie war höchstens dreizehn und trug die Haare noch lang, aber sie schminkte sich schon. Die großen schwarzen Wimpern hatte sie sich bestimmt von ihrer Lieblingspuppe abgeguckt. Sie hörte Musik über Kopfhörer und wippte dabei so mit den Füßen, dass es aussah wie ein Stepptanz. Ich rätselte, was sie mir damit sagen wollte. *Da staunst du, was? Ich lerne im Schlaf!* Oder war es: *Lass mich in Ruhe! Ich will allein sein!* Oder sie spielte mit mir das Spiel *Ich-höre-was-das-du-nicht-hörst*? Oder meinte sie: *Ich hasse Klavierstunden. Ich werde später Djane!* Vielleicht wollte sie mir auch gar nichts sagen, sondern nur zeigen, wie klasse doch Masse sein kann.

LICHTWECHSEL.

XXIV.

<u>LISSY</u>: Samstag, der 12te. Blitz und Donner noch mal! Ich ersticke noch mal an meiner Neugierde. Erst suche ich eine Antwort, und dann finde ich die falsche. Ich glaube nicht, dass ich Beat jemals hätte fragen können, ob er mit dem Engländer zusammen sei oder nicht. Okay, ich schätze, ich hätte es vielleicht ahnen können, als er damals auf der Party mit dem Kerl so rumgemacht hat, aber ihn darauf ansprechen? Nein! Niemals! In der Hinsicht bin ich viel zu schüchtern, im Gegensatz zu Saskia, die bringt das eiskalt fertig.

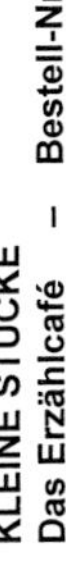

SASKIA SITZT AUF DER UNTERSTEN STUFE VON LISSYS TREPPE. SIE SCHENKT WEIN AUS EINER FLASCHE IN IHR GLAS.

SASKIA: Ich tu's, mein Gott, ich tu's!

LISSY: Wag' es ja nicht, Saskia! Beat ist wirklich ein netter Kerl.

SASKIA: Was? Was redest du da, Lissy? Ich fasse es nicht!

LISSY: Nun, bisexuell oder hetero, wir hatten eine schöne Zeit zusammen.

SASKIA PROSTET LISSY STUMM ZU UND LEERT DAS WEINGLAS IN EINEM ZUG.

LISSY: Wahr ist nicht immer, was gewesen ist. Wahr ist manchmal auch, was gewesen sein könnte. Verfluchtes England!

LICHTWECHSEL.
SASKIA VERLÄSST DIE SZENE IN DER DUNKELPHASE.

XXV.

LISSY SITZT ALLEIN AUF DER TREPPE UND STELLT DAS DIKTIERGERÄT AUF AUFNAHME UND LIEST AUS IHREM FILMEXPOSÉ VOR.

LISSY: Sonntag, der 13te. Die Zwei glühte dunkelrot, die Drei schimmerte tiefblau, und die Fünf glänzte smaragdgrün. Hannah konnte es nicht beeinflussen. Es geschah einfach so in ihrem Kopf. Hannah hatte diesen Sinn und sah mehr, als andere Menschen sich vorstellen konnten. Der Sinn verwandelte nicht nur Zahlen, auch Buchstaben färbte er ein; sie nahmen eine bestimmte Farbe an und glichen nur sich selbst; der Eindruck war so lebhaft, dass Hannah die Farbe hätte malen können. Das Lilarot des Himmels war für sie keine Lichtbrechung. Das Lilarot war in ihrem Kopf.
Hannah war fünfzehn, als sie das geisterhafte Grau ihres Namens mit dem hellen Blau von Maxim verglich. Sie glaubte, dass auch ihr Bruder diesen merkwürdigen Sinn hatte. Als sie ihn danach fragte, lachte er sie aus, und sie schwor sich, nie wieder mit ihm darüber zu sprechen. In seiner Beschränktheit hielt Maxim alles für verrückt, was nicht seinem Maßstab entsprach, während Hannah weit darüber stand. Hannahs Sinne waren feiner und empfindlicher, und sie musste sich die allergrößte Mühe geben, um nicht als verschroben zu gelten. Ihr Geheimnis bedrückte sie, bis sie las, dass sie so etwas wie eine Künstlerin sei. „Künstlerin also", dachte Hannah, „wie Niki de Saint-Phalle. Sie hat verrückte Sachen gemacht, und trotzdem hat niemand sie für verrückt erklärt. Sie hat etwas gemacht, das andere nicht konnten, und das hat sie zur Künstlerin gemacht." Hannah legte die Psychologiezeitschrift auf die Glasplatte des Kopierers und drückte die grüne Taste. In Hannahs Klasse hatte nur Karin einen schönen Namen, ein halbdurchsichtiges Türkis. Sie hatte sich mit Karin in der Stadtbücherei verabredet, aber als ihre Freundin endlich kam, wie gewöhnlich eine halbe Stunde über der Zeit, wusste sie gleich, dass sie den Artikel umsonst kopiert hatte.

KARIN KOMMT AUS DER NACHBARKABINE VON LISSY UND GEHT ZUR TREPPE. LISSY LEGT DAS FILMEXPOSÉ BEISEITE. SIE SPIELT NUN DIE ROLLE DER HANNAH.

HAUSARBEIT

KARIN: Hat dein Bruder was gesagt?

HANNAH/LISSY: Das kommt darauf an, was du mit *was* meinst.

KARIN: Was wohl?!

HANNAH/LISSY: Ja, Maxim hat mir von eurem Streit erzählt.

KARIN: Es ist alles nicht so gut gelaufen.

HANNAH/LISSY: Das glaube ich dir.

KARIN: Was soll ich denn jetzt machen?

HANNAH/LISSY: Abwarten.

KARIN: Abwarten?

HANNAH/LISSY: Abwarten, ja. Er fand es in Ordnung, wie du reagiert hast.

KARIN: Oh, das ist gut.

HANNAH/LISSY: Das finde ich auch.

KARIN: Mensch! Ich glaube, das wird vielleicht wieder. Maxim braucht nur ein bisschen Zeit, hoffe ich.

HANNAH/LISSY: Das hoffe ich auch.

KARIN: Ach, Mensch! Weißt du, ob er sich mit mir treffen will?

HANNAH/LISSY: Nein, leider nicht.

KARIN: Schade. Ich dachte schon, --- ach, Mensch! Es tut mir leid, aber ich bin richtig am Boden zerstört.

HANNAH/LISSY: Das kann ich mir gut vorstellen.

KARIN HOLT IHR MOBILTELEFON HERVOR UND RUFT DIE MAILBOX AB. SIE HAT EINE NACHRICHT ERHALTEN, DIE NICHTS GUTES VERHEISST. SIE VERABSCHIEDET SICH STUMM VON LISSY. WÄHREND SIE IN LISSYS NACHBARKABINE GEHT, NIMMT LISSY WIEDER DAS MANUSKRIPT ZUR HAND UND SETZT IHREN VORTRAG FORT. SIE SPIELT WIEDER IHRE EIGENE ROLLE.

LISSY: Hannah wohnte drei Bushaltestellen von der Stadtbücherei entfernt in einem fünfstöckigen braunen Kasten, der dringend frische Farbe gebraucht hätte. Die Sonne malte silbrige Karos auf die Stufen, als sie die Treppe hinaufstieg. Die Hitze hatte das Haus in einen Zustand der Erschöpfung versetzt. Bei jedem Schritt seufzte die Holztreppe, und auch das Treppengeländer knackte verdächtig mit den Gliedern. In der dunklen Diele stolperte Hannah über eine schwarze Reisetasche, die in der Ecke vor sich hingähnte. Die Labudas machten nie Urlaub, und Hannah verbrachte viel Zeit in der Stadtbücherei, wo sie Länder besuchte, die auf keiner Karte verzeichnet waren.

HAUSARBEIT

HANNAHS MUTTER KOMMT MIT ZWEI PRALL GEFÜLLTEN PLASTIKTÜTEN AUS DER NACHBARKABINE VON LISSY. SIE TRÄGT EIN KOPFTUCH UND STELLT DIE BEIDEN EINKAUFSTÜTEN AM FUSS DER TREPPE AB.

MUTTER: Muss man viel lesen, um klug zu werden, Hannah?

LISSY SPIELT WIEDER DIE ROLLE DER HANNAH.

HANNAH/LISSY: Man liest nicht, um klug zu werden, Mama. Man liest, um sich zu unterhalten.

LISSY NIMMT DAS FILMEXPOSÉ WIEDER AUF. WÄHREND SIE DARAUS VORLIEST, LEGT DIE MUTTER IHR KOPFTUCH AB UND HOLT EINE PISTOLE MIT HOLSTER UND EIN MOBILTELEFON AUS DEN EINKAUFSTÜTEN HERVOR.

LISSY: Ihr Bruder Maxim war ein Jahr älter und ganz anders als sie. Er stand auf FSK 18 und hatte sich in den Kaufhäusern eine mittelgroße Sammlung zusammengestohlen. Ständig kamen Freunde bei ihm vorbei zum Gucken und Tauschen - doch heute hatte das Schwert der Rache zugeschlagen, und mit dem billigen Heimkino war es erst einmal vorbei. Ein Verkäufer hatte Maxim erwischt und die Polizei gerufen, als er fünf Blu-rays an der Kasse vorbeischmuggeln wollte.
Klar, es war Scheiße, dass sie ihn geschnappt hatten, aber aufhören würde er trotzdem nicht. Es machte einfach zu viel Spaß. Es war ja so leicht. Rein ins Kaufhaus, die Verkäufer gecheckt, dann den Rucksack aufgefüllt und raus. Es war ein richtiges Tauschgeschäft. Bei ihm zu Hause stapelten sich die knallharten Action-Filme und in den Kaufhäusern die Überwachungsbänder von seinen Raubzügen. Klar, bisher hatte er großes Glück gehabt, aber jetzt war erst einmal Schweigen angesagt.
Als Hannah das Zimmer ihres Bruders betrat, verstauten zwei Polizeibeamte in Zivil blaue Kassetten in einer Plastiktüte. Hannah dachte an das endlose Gezänk der Eltern, die sich gegenseitig die Schuld zuschoben, dass sie hier so schlecht lebten.

DIE MUTTER SPIELT JETZT DIE ROLLE DER POLIZISTIN.

POLIZISTIN/MUTTER: Gehörst du zur Familie?

LISSY: Hannah blickte in die graugrünen Augen der Polizistin. Aus dem Lächeln der jungen Frau wurde sie nicht schlau. Etwas Unheilvolles, Gewalttätiges schien hinter dem freundlichen Blick zu lauern. Hannah wartete darauf, dass die junge Frau ihrem Kollegen zuwinkerte und die Waffe zog. Hannah bekam Angst, echte Todesangst. Sie nannte ihren Namen und fragte nach ihrem Vater. Die Polizistin deutete hinter sich. Hannahs Vater saß auf dem Bett. Sein Gesichtsausdruck war traurig - wie immer, wenn er angestrengt nachdachte. Seine starken Hände umfassten die Knie, während sein Oberkörper leicht schaukelte, als würde er Kraft sammeln, um dem unwürdigen Schauspiel ein rasches Ende zu machen.
Victor Labuda ahnte, dass sein Sohn entschlossen war, sich an alles Schlechte zu hängen. War er nicht erst letzte Woche in die Schule bestellt worden, weil Maxim und seine Freunde die Jungentoilette mit Buntlack besprüht hatten? Der Rektor hatte herausgefunden, welcher Schüler was geschrieben hatte. Zur Strafe bekamen die Schüler einen Vermerk ins Zeugnis, und ihre Eltern mussten die Renovierung bezahlen.

DER SCHULREKTOR UND HANNAHS VATER KOMMEN AUS DEM REKTORATS-ZIMMER. AN DER TREPPE BLEIBEN BEIDE STEHEN, OHNE DIE BEIDEN FRAUEN WAHRZUNEHMEN. WÄHREND SIE SICH UNTERHALTEN, LEGT DIE POLIZISTIN HINTER IHREM RÜCKEN DAS KOPFTUCH WIEDER AN UND VERWANDELT SICH IN HANNAHS MUTTER ZURÜCK. SIE HOLT EINEN EIMER UND EINEN PUTZLAPPEN AUS DEN PLASTIKTÜTEN.

HAUSARBEIT

VATER: Das ist zu hart. In der U-Bahn sind die Wände doch auch vollgeschmiert.

REKTOR: Draußen interessiert uns nicht, Herr Labuda. Hätte man ihren Sohn in der U-Bahn erwischt, wäre die Strafe härter ausgefallen.

VATER: Maxim hat fünfzehn Minuten Pause. Was kann er in der Zeit machen? Wahrscheinlich war ihm langweilig, und darum hat er solche Sachen gemacht.

REKTOR: In der Pause kann er sich unterhalten oder Basketball spielen.

VATER: Wie viele Schüler gibt es hier?

REKTOR: Dreihundertneunzehn.

VATER: Und nur ein Basketballkorb auf dem Hof?!

REKTOR: Der andere ist kaputt.

HANNAHS VATER SETZT SICH AUF DIE UNTERSTE TREPPENSTUFE, WÄHREND DER SCHULREKTOR HANNAHS MUTTER EIN ZEICHEN MACHT UND DIE TÜR EINER KABINE ÖFFNET, WELCHE AUF DER INNENSEITE MIT GRAFFITIS BESCHMIERT IST. STUMM BEDEUTET ER HANNAHS MUTTER, DIE TÜR ZU SÄUBERN. DANN ZIEHT ER SICH IN DAS REKTORATSZIMMER ZURÜCK UND SCHLIESST DIE TÜR HINTER SICH.

LISSY: Victor Labuda war mit vielen Träumen hierher gekommen, aber sie hielten dem Alltag nicht stand. Unzählige kleine Demütigungen machten sie mit der Zeit kaputt. Er wollte vorankommen, aber jedes Jahr, das er hier verbrachte, bedeutete einen Traum weniger. Er fühlte sich nicht wohl hier. Hier war er ein Mensch dritter Klasse. Er fragte sich oft, ob er weniger Probleme hätte, wenn er die Sprache besser könnte, aber vielleicht war die Sprache gar nicht das Problem. Vielleicht waren die Leute hier das Problem. Wenn er auf dem Amt etwas erledigen musste und es nicht klappte, dann sagte er sich, du bist Ausländer und darum machen sie Schwierigkeiten. Er wusste aber nicht genau, wer für die Schwierigkeiten verantwortlich war, ob es die Beamten waren oder er. Er war sich nicht hundertprozentig sicher. Vielleicht hatte er seine Unterlagen nicht richtig ausgefüllt oder vielleicht hatten sie ihn auf dem Amt nicht richtig verstanden. Das konnte alles sein. Trotzdem wies er den Leuten hier die Schuld zu.

HANNAHS MUTTER WISCHT DIE TÜR, WÄHREND SIE SICH MIT IHREM MANN UNTERHÄLT.

MUTTER: Dreiundfünfzig Kilo habe ich gewogen, als ich zwanzig war, Victor. Jetzt darf ich wohl ein paar Kilo mehr haben.

VATER: Warum gehst du nicht einmal in der Woche ins Hallenbad?

MUTTER: Damit ich ertrinke? Das hättest du wohl gern!

VATER: Mein Gott, Irina, im Hallenbad gibt es auch ein Nichtschwimmerbecken oder du gehst öfters zu Fuß. Warum läufst du nicht eine U-Bahn-Station?

MUTTER: Mit Jahreskarte laufen? Bei dir piept's wohl?

HANNAHS MUTTER GEHT IN LISSYS KABINE. SIE STELLT DORT PUTZLAPPEN UND EIMER AB UND LEGT AUCH IHR KOPFTUCH AB. SIE SPIELT WIEDER DIE POLIZISTIN. DEREN PISTOLE UND MOBILTELEFON HAT SIE ZUVOR IM EIMER VERBORGEN.

LISSY: Was konnte er da machen? Nichts! Das ärgerte ihn. Er machte sich Gedanken, aber seine Frau wollte sich nicht helfen lassen und sofort gab es Streit. Er dachte oft, soll sie ihre Sachen doch selbst machen. Warum zerbrach er sich ihren Kopf? Er hatte genug Probleme auf der Arbeit.

DER ARBEITSKOLLEGE VON HANNAHS VATER KOMMT AUS EINER NACHBARKABINE UND GEHT ZUR TREPPE. AUF DER SCHULTER TRÄGT ER EINEN ZEMENTSACK.

VATER: Kollege, warum holen wir den Zement nicht mit dem Hubwagen?

ARBEITSKOLLEGE: Musst du Sack zu Maschine tragen, hat Chef gesagt.

DER ARBEITSKOLLEGE BRINGT DEN SACK IN EINE ANDERE KABINE.

LISSY: Was konnte er da machen? Nichts. Entweder fing er mit ihm Krach an oder er holte den Chef, aber wenn der Chef nicht da war? Dann musste er sich mit dem Blödian streiten, aber wie lange konnte er das machen?

DER ARBEITSKOLLEGE KOMMT AUS DER KABINE. ER ZIEHT EINE GIPSPLATTE HINTER SICH HER UND GEHT ZUR TREPPE.

VATER: Warum bringen wir die Gipsplatten nicht mit dem Aufzug nach oben?

ARBEITSKOLLEGE: Chef hat gesagt, wir sollen hochtragen.

VATER: Und wenn wir von der Treppe fallen?

ARBEITSKOLLEGE: Bist du nicht versichert?

OHNE HILFE VON HANNAHS VATER SCHLEIFT DER ARBEITSKOLLEGE DIE GIPSPLATTE IN LISSYS KABINE, WO SICH DIE POLIZISTIN AUFHÄLT. DORT LEGT ER DEN BLAUMANN AB UND VERKLEIDET SICH ALS POLIZIST.

LISSY: Er war versichert, aber dann hatte ihm der Chef gekündigt, weil er angeblich nicht richtig arbeitete. Er hatte die Nase voll von der Baufirma und war richtig froh, dass sie ihn rausgeworfen hatten. Seine Hände waren noch heil, nur sein Herz nicht. Er konnte alles machen. Er konnte wieder auf dem Bau arbeiten. Oder er konnte sich selbstständig machen. Eine Lösung würde sich schon finden. Gedankenverloren griff Hannahs Vater nach der Fernbedienung auf dem Schreibtisch und drückte den roten Knopf. Der Bildschirm blendete auf und gab den Blick auf ein karg möbliertes Jugendzimmer frei, in dem ein Durcheinander herrschte wie nach einer Party. Eine Frau und ein Mann räumten im Zimmer auf, aber der Eindruck täuschte; es waren Polizeibeamte in Zivil. Ohne ein Wort zu sprechen, durchsuchten sie zielstrebig das Regal und den Schrank nach Diebesgut, bis - tschuka-tschu, tschuka-tschu, tschuka-wow-wop - ein Mobiltelefon losspielte und ihre kleine Pantomime unterbrach.

DIE POLIZISTIN TRITT AUS DER KABINE. SIE TELEFONIERT. IHR KOLLEGE KOMMT NACH. ER HÄLT EINEN STAPEL VIDEOS IN DEN HÄNDEN UND WARTET AUF NEUE ANWEISUNGEN DER KOLLEGIN.

KOHL VERLAG KLEINE STÜCKE Das Erzählcafé – Bestell-Nr. 12 363

POLIZISTIN/MUTTER: Klein am Apparat. Wie? Ja. Okay. Tschüs.

LISSY: Es waren ganz gewöhnliche Wörter, aber mit langen Pausen dazwischen, und Hannah sah sie als bunte Morsezeichen zur Zimmerdecke schweben.

POLIZISTIN/MUTTER: Wir sind fertig, Herr Labuda.

LISSY: Die Polizistin steckte das Mobiltelefon ein und gab ihrem Kollegen ein Zeichen, dass er die Plastiktüte mit den FSK-18-Filmen nehmen sollte. Hannah trat einen Schritt zur Seite und ließ die beiden Polizisten vorbei.

DER POLIZIST VERSTAUT DIE VIDEOS IN DEN PLASTIKTÜTEN, DIE HANNAHS MUTTER AN DER TREPPE ABGESTELLT HAT. DER POLIZIST NIMMT DIE BEIDEN PLASTIKTÜTEN UND BEGLEITET SEINE KOLLEGIN IN EINE KABINE.

POLIZISTIN/MUTTER: Du brauchst dich nicht zu bemühen. Wir finden den Weg alleine.

DIE POLIZISTIN SCHLIESST DIE TÜR HINTER SICH.

LISSY: Hannahs Vater hörte die Wohnungstür nicht ins Schloss fallen. Wie hypnotisiert starrte er auf den flackernden Bildschirm. Was er dort sah, konnte er sich nicht erklären. Träumte er schon mit offenen Augen? Nein, er saß im Zimmer seines Sohnes und war hellwach. Der Fernseher lief. Die Schreibtischschubladen waren herausgezogen. Die Schranktüren standen offen.
Das Bücherregal war leergeräumt. Seine Tochter stand an der Zimmertür. Sie hatte Tränen in den Augen und blickte zum Fenster. Als er die Hand nach ihr ausstreckte, war ihm mit einem Male kalt. Er fühlte, wie das Blut aus seinem Gesicht wich, und er hörte sein Herz schlagen, einmal, zweimal. Plötzlich riss der Boden unter seinen Füßen auf, und er spürte sein Gewicht nicht mehr. Er wusste, nun würde er fallen, aber er fiel nicht. Eine unsichtbare Kraft hielt ihn zurück. Ungläubig sah er zu, wie ein Rolltitel über seinem Gesicht ablief und die Namen der handelnden Personen und ihrer Darsteller nannte. Der Bildschirm wurde schwarz, und er hörte noch Hannahs Schrei. Dann stürzte Victor Labuda vom Bett in die Ewigkeit.

LICHTWECHSEL.
HANNAHS VATER VERLÄSST DIE SZENE IM DUNKELN, SODASS LISSY WIEDER ALLEIN AUF DER TREPPE IST.

XXVI.

LISSY: Montag, der 14te. Ich bin heute lange durch die Stadt gelaufen, mindestens drei Stunden, bis mich im Stadtpark eine ältere Dame angesprochen hat, - eine Rumänin, glaube ich, oder kam sie aus Ungarn? Ich weiß es nicht. Jedenfalls war sie im Alter von Mama und sagte, ich würde sehr stark auf sie wirken und hätte große Kräfte, aber ich würde sie nicht nutzen, ja, und die ältere Dame hat mich, ehrlich gesagt, ganz schön durcheinandergebracht. Wir haben uns auf eine Parkbank gesetzt und sie sagte, dass ich mit sehr viel negativer Energie behaftet wäre, die aus meiner Vergangenheit käme, - und wenn ich nun an das Gespräch denke, werde ich wieder ganz kribbelig, denn ich weiß ja genau, wie viel negative Energie in mir steckt.

LICHTWECHSEL.

XXVII.

LISSY: Dienstag, der 15te. Die Zeit will vorwärts gelebt sein und die Erkenntnis rückwärts. Inzwischen glaube ich, dass die ältere Dame mich gestern auf etwas aufmerksam machen sollte, aber mir nicht helfen durfte, - weil ich mir nur selbst helfen kann. Das ist jetzt mein Glaubenssatz Nummer 1. Mein Glaubenssatz Nummer 2 betrifft die Vergangenheit. Bis heute habe ich in meinem Leben eigentlich nur eine einzige Sache bereut, - dass ich es nicht fertiggebracht habe, mich bei Papa für alles zu bedanken, als es noch möglich gewesen wäre, und ehrlich gesagt, habe ich bis gestern auch nicht gewusst, wie ich jemals damit wirklich fertig werden könnte, aber ich glaube, langsam beginne ich zu verstehen, warum mich etwas berührt, das ich nicht begreifen kann. In der Hinsicht bin ich wie ein Kind. Ich glaube, mit den leeren Rahmen wollte Papa die Phantasie vor den leeren Worten schützen. Kein Wort kann einen leeren Bilderrahmen füllen, allein der Blick kann das. Der Blick füllt die Lücke, die keine Worte kennt. Und darum gibt es in Papas Sammlung auch keine Schilder.
„Worte blenden nur", sagte er damals zu mir, nachdem Mama in die Küche gestürmt war. „Du liest das Schild und denkst, aha, nun weiß ich Bescheid, und schon bist du blind und schaust nicht mehr genau hin."
Papa steckte sich eine neue Zigarette an.
„Im Museum der Phantasie aber bist du auf dich selbst gestellt", fuhr er fort. „Du kannst in kein Bild zu viel hineinlesen oder womöglich einen Künstler unterschätzen. Im Museum der Phantasie hast du nämlich nur deine eigenen Bilder vor dir."
Begleitet vom dumpfen Grollen in der Küche verwandelte sich der Tabakrauch damals vor meinen Augen in eine Gewitterwolke. Der Eindruck war so lebhaft, dass ich mich im Geiste schon vom Stuhl aufstehen und in den Flur eilen sah, wo mein roter Regenmantel hing.

LICHTWECHSEL.
LISSY SITZT AUF DER UNTERSTEN TREPPENSTUFE. SIE HÄLT DAS DIKTIERGERÄT MAL IN DER RECHTEN, MAL IN DER LINKEN, GERADESO, ALS INTERVIEWE SIE SICH SELBST BEIM WITZEERZÄHLEN. BEI EINEM IHRER LACHANFÄLLE PLUMPST SIE VON DER TREPPE, UND DAS DIKTIERGERÄT FÄLLT ZU BODEN.

XXVIII.

LISSY: Mittwoch, der 19te. Quatsch! Was rede ich da?! Heute ist doch erst der sechzehnte! Also, noch mal von vorn. Lissy! --- *(LISSY DRÜCKT DIE RÜCKSPULTASTE DES DIKTIERGERÄTS UND IST GANZ ERSTAUNT, ALS SIE SICH RÜCKWÄRTS SPRECHEN HÖRT. SIE DRÜCKT DIE AUFNAHMETASTE.)* --- Mittwoch, der 16te. Also, sagt eine Tomate im Supermarkt zur anderen:

1. TOMATE/LISSY: Weißt du schon, was du am Wochenende machst?

2. TOMATE/LISSY: Nein, und du?
1. TOMATE/LISSY: Ich leg' mich auf die ---

LISSY: Hahaha!

1. TOMATE/LISSY: Ich leg' mich auf die ---

LISSY: Hahaha! Quatsch! Hahaha!

1. TOMATE/LISSY: Ich leg' mich auf die ---

LISSY: Oh, mein Gott!

1. TOMATE/LISSY: Ich leg' mich auf die faule Haut.

LISSY: Hahaha.

LICHTWECHSEL.
LISSY SITZT AUF DER OBERSTEN TREPPENSTUFE.

XXIX.

LISSY: Donnerstag, der 17te. Blitz und Donner noch mal! Ich bin nicht dumm. Ich weiß bloß nicht alles! Aber die Hauptsache ist doch: Ich habe die Hausarbeit rechtzeitig abgegeben. Jetzt wünschte ich mir nur noch, ich könnte die Welt einen Augenblick lang anhalten. Dann würde ich umsteigen und mit unbekanntem Ziel weiterreisen.

LICHTWECHSEL.
LISSY LIEGT AUF DEM TREPPENABSATZ.

XXX.

LISSY: Freitag, der 18te. Ich liege auf dem Bett und lese und bin so vertieft in mein Buch, dass ich ganz vergesse, wo ich gerade bin. Wenn ich vom Buch aufblicke, sehe ich die Hängelampe über mir, die vermutlich von einem anderen Planeten stammt, wo die Blumen aus Milchglas sind. Wenn ich die Hängelampe über mir sehe, weiß ich, dass ich in meinem Zimmer bin, aber in diesem Augenblick sehe ich sie nicht. Merkwürdigerweise scheint sie nicht an ihrem Platz zu sein. Blitz und Donner noch mal! Wo bin ich? Und wo ist diese hässliche Lampe hin?

LICHTWECHSEL.

XXXI.

LISSY: Samstag, der 19te. Du bist, was du tust, und wenn du nichts tust, weiß keiner, wer du bist. Das ist doch logisch? Etwas zu tun, muss nicht unbedingt der Anfang von etwas sein, es kann auch das Ende von etwas sein, zum Beispiel das Ende von etwas wie Langeweile. Das Paradoxe am Nichtstun ist ja die Langeweile; sie stellt sich immer zu früh oder zu spät ein.

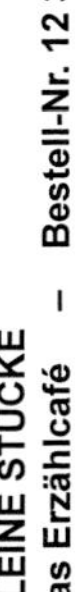

LICHTWECHSEL.

DIE UMRISSE DER KABINEN UND DER NEUNZEHN BILDERRAHMEN ZEICHNEN SICH VOR DEM HELL ERLEUCHTETEN BÜHNENHIMMEL WIE SCHERENSCHNITTE AB. NUR EIN SPOTSTRAHLER ERHELLT DIE SZENE IM VORDERGRUND. LISSY SITZT AUF DER UNTERSTEN TREPPENSTUFE UND STELLT IHR DIKTIERGERÄT AUF WIEDERGABE, UM DIE LETZTE AUFNAHME ZU KONTROLLIEREN. DIE TÜR HINTER IHR IST GESCHLOSSEN UND ZU IHREN FÜSSEN STEHT EINE REISETASCHE.

XXXII.

LISSYS STIMME: Sonntag, der 20ste. Als ich vorhin meine Sachen packte, hatte ich ein merkwürdiges Erlebnis. Plötzlich kam mir mein Zimmer so fremd vor, als wäre ich zum ersten Mal hier, aber gleichzeitig hatte ich seine ganze Geschichte deutlich vor Augen. Ich sah das leere Bücherregal und den leeren Schreibtisch und den verlassenen Stuhl davor. Sie waren aus hellem Holz und an den Kanten weiß wie Seife von so vielen Händen. Ich sah den Spiegel über dem Waschbecken, der hinter so viele Gesichter geblickt hatte, während sie sich morgens den Schlaf aus dem Haar kämmten. Ich sah die Wassertropfen auf dem Waschbecken, die sich teilen und wieder teilen würden und nicht aufhören konnten, sich zu teilen, bis sie im ganzen Zimmer unsichtbar verteilt waren. Ich sah den Vorhang mit den braunen Blättern und hörte den Atem der Stadt. So vieles geschah hinter dem Vorhang, das ich nicht ändern konnte, selbst wenn ich es gewollt hätte. Ich sah den hellen Stoff zwischen den braunen Blättern, der von so viel Zigarettenrauch ganz gelb war. Durch einen Riss floss goldenes Licht ins Zimmer. Vorsichtig tauchte ich meine Hände hinein. Es fühlte sich warm und weich an, und plötzlich wurde mir klar, in diesem Zimmer war schon goldener Herbst gewesen, bevor ich die Tür zum ersten Mal geöffnet hatte, und diesen goldenen Herbst würde keiner mitnehmen können, auch ich nicht; denn er würde das Zimmer niemals verlassen und erst in dem Augenblick aufhören, goldener Herbst zu sein, wenn es das Studentenwohnheim nicht mehr gäbe, wenn sich Boden, Wände und Decke des Zimmers genauso ins Nichts verflüchtigt hätten wie die Bilder im Museum der Phantasie von Papa.

WÄHREND LISSY DAS DIKTIERGERÄT AUSSCHALTET UND UMSTÄNDLICH IN IHRER REISETASCHE VERSTAUT, VERLÖSCHT DAS SPOTLICHT LANGSAM, UND NACH EINER WEILE VERSINKT AUCH DER BÜHNENHIMMEL IN VÖLLIGER SCHWÄRZE.

KOHL VERLAG KLEINE STÜCKE Das Erzählcafé – Bestell-Nr. 12 363

PASSWÖRTER

Personen:

Ada Wüstling, Mathematikerin
Sekretärin
Geheimdienstchef
Wan, chinesischer Botschaftsrat

Kurzinhalt:

Durch ein Missverständnis des Geheimdienstchefs wird die Mathematikerin Ada Wüstling um den Erfolg ihrer Passwortentschlüsselung gebracht.

Ort der Handlung:

Chefetage einer Geheimdienstzentrale

Spieldauer:

4-6 Minuten

EINE TRENNWAND TEILT DIE BÜHNE IN ZWEI RÄUME, DAS EMPFANGSZIMMER LIEGT LINKS, DAS CHEFZIMMER RECHTS. EINE TÜR IN DER TRENNWAND VERBINDET BEIDE RÄUME MITEINANDER. ÜBER DER TÜR SIND ZWEI SIGNALLAMPEN ANGEBRACHT, DIE ROT ODER GRÜN AUFLEUCHTEN. ROT BEDEUTET *KEIN ZUTRITT* UND GRÜN *ZUTRITT GESTATTET*. DIE SIGNALLAMPEN WERDEN VON DER SEKRETÄRIN IM EMPFANGSZIMMER BEDIENT. DIE SEKRETÄRIN SITZT HINTER EINEM SCHREIBTISCH, AUF WELCHEM EIN MONITOR, EINE COMPUTERTASTATUR, EIN TELEFON UND EINE GEGENSPRECHANLAGE STEHEN. DAS MOBILAR DES CHEFZIMMERS BESTEHT AUS EINEM GROSSEN LEDERSESSEL UND EINEM COUCHTISCH, AUF WELCHEM EBENFALLS EINE GEGENSPRECHANLAGE SOWIE EIN GROSSES FERNGLAS STEHEN. DIE BEIDEN RÄUME SCHLIESSEN NACH HINTEN DURCH EINE GEMEINSAME WAND AB. HINTER DIESER WAND IST EINE HOHE BOCKLEITER AUFGESTELLT, VON DER WAN DAS GESCHEHEN BEOBACHTEN WIRD. ALS ADA DIE SZENE BETRITT, KLETTERT WAN AUF DIE LEITER UND BEOBACHTET SIE DURCH EIN FERNGLAS.
DIE SEKRETÄRIN DRÜCKT DIE SPRECHTASTE DER GEGENSPRECHANLAGE.

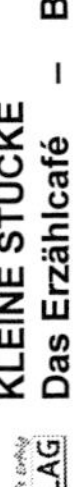

PASSWÖRTER

SEKRETÄRIN: Chef, Ada ist hier und will Sie sprechen.

DER CHEF DRÜCKT DIE SPRECHTASTE DER GEGENSPRECHANLAGE.

CHEF: Gut. Schicken Sie Ada rein.

DIE SEKRETÄRIN STELLT DIE SIGNALLAMPE VON ROT AUF GRÜN, UND ADA BETRITT DAS CHEFZIMMER. SOBALD SIE DAS EMPFANGSZIMMER VERLASSEN HAT, STELLT DIE SEKRETÄRIN DIE LAMPE WIEDER AUF ROT. DER CHEF SITZT BEQUEM IM SESSEL, WÄHREND ADA RESPEKTVOLL ABSTAND ZU IHM HÄLT.

ADA: Guten Tag, Chef.

CHEF: Tag, Ada. Was gibt's?

ADA: Nun, Chef, ich kenne das neue Passwort der Kanzlerin.

CHEF: Großartig, Ada, schießen Sie los.

ADA: *W i e h* heißt es.

CHEF: Ich weiß nicht. Sagen Sie es mir.

ADA: *W i e h* heißt das neue Passwort.

CHEF: Genau das will ich von Ihnen wissen, Ada! Also, das Wort heißt?

ADA: *W i e h .*

CHEF: Das Kennwort?

ADA: *W i e h .*

CHEF: Das Geheimwort?

ADA: *W i e h .*

CHEF: Das Schlüsselwort?

ADA: *W i e h .*

CHEF: Ich verstehe. Sie wollen, dass ich rate?

ADA: Gott bewahre!

CHEF: Wie?

ADA: Richtig.

CHEF: Wollen Sie mir es jetzt sagen oder nicht, Ada? Wie heißt das neue Passwort der Kanzlerin?

KOHL VERLAG KLEINE STÜCKE Das Erzählcafé – Bestell-Nr. 12 363

ADA: *W i e h* heißt das neue Passwort der Kanzlerin.

CHEF: Lassen Sie den Quatsch! Ada, Sie rufen jetzt diesen Typen von der Chinesischen Botschaft an, - wie heißt er gleich, Wok oder Dings? Ich komme jetzt nicht auf den Namen.

ADA: *W a n.*

CHEF: Gleich.

ADA: Nein, *W a n* , Chef.

CHEF: Sofort! Der Pekingmensch weiß garantiert das neue Passwort der Kanzlerin. Erkundigen Sie sich also bei dem Pekingmenschen, wie es heißt.

ADA: *W i e h* heißt es.

CHEF: Ja, wie heißt es.

ADA: *W i e h* , Chef.

CHEF: Was, wie? Sie nehmen den Hörer ab und wählen seine Nummer. Mein Gott, was ist heute bloß los mit Ihnen, Ada?! Sie klemmen sich jetzt hinters Telefon und sprechen mit diesem Wok oder Dings oder Wie-immer-er-heißt!

ADA: *W a n .*

CHEF: Jetzt, Ada! Würden Sie bitte anrufen und ihn fragen, wie das neue Passwort der Kanzlerin heißt?

ADA: Ja, Chef.

ADA GEHT INS EMPFANGSZIMMER, UM ZU TELEFONIEREN. ALS SIE DEN RAUM VERLASSEN HAT, NIMMT DER CHEF DAS FERNGLAS UND BEOBACHTET WAN AUF DER LEITER. ADA WÄHLT EINE NUMMER, UND WANS MOBILTELEFON KLINGELT. WAN BEOBACHTET ADA WEITERHIN DURCHS FERNGLAS, WÄHREND ER MIT IHR SPRICHT.

WAN: Botschaft der Volksrepublik China, Abteilung für Aufklärung.

ADA: Hallo, Wan, hier Ada.

WAN: Hallo, Ada. Wie geht's?

ADA: Danke, gut. Und dir?

WAN: Ich kann nicht klagen. Besser könnte es gar nicht sein.

ADA: Das freut mich zu hören.

WAN: Und weißt du auch warum, Ada? Wir sind die Besten.

ADA: Hah! Das sind wir doch alle, Wan.

WAN: Und? Was verschafft mir die Ehre?

ADA: Ein Passwort.

WAN: Lass hören!

ADA: Das neue Passwort der Kanzlerin heißt wie?

WAN SETZT DAS FERNGLAS AB UND DRÜCKT VERSCHIEDENE TASTEN AUF SEINEM MOBILTELEFON.

WAN: Mmh. Mmh. Mmh. Mmh. Mmh. Mmh. Whiskey. Ida. Echo. Hotel.

ADA: Du bist ein Schatz, Wan. Auf Wiederhören.

WAN: Auf Wiederhören, Ada.

ADA LEGT AUF UND GEHT ZUR TÜR, WO SIE EINEN AUGENBLICK LANG STEHENBLEIBT, BIS DIE SEKRETÄRIN IHR GRÜNES LICHT GIBT. UNTERDESSEN SETZT WAN SEINE OBSERVATION FORT. ALS ADA DAS ZIMMER BETRITT, LEGT DER CHEF DAS FERNGLAS BEISEITE.

CHEF: Und?

ADA: Er weiß es nicht.

CHEF: Was soll das heißen: Er weiß es nicht?

ADA: Dass er es nicht weiß. Kann ich jetzt gehen, Chef?

CHEF: Ja.

ADA VERLÄSST DAS CHEFZIMMER, DURCHQUERT RASCH DAS VORZIMMER UND VERLÄSST DIE SZENE. WAN BLEIBT AUF DER LEITER SITZEN UND BEOBACHTET WEITER. AUCH DER CHEF SETZT SEINE BEOBACHTUNG FORT. DIE SEKRETÄRIN DRÜCKT DIE TASTE DER GEGENSPRECHANLAGE.

SEKRETÄRIN: Chef, Sie müssen noch Ihr Systempasswort ändern. Was schlagen Sie vor? Zuletzt hatten Sie Gott.

CHEF: Ändern Sie es in Penis.

SEKRETÄRIN: Okay, Penis.

DIE SEKRETÄRIN GIBT DAS WORT AUF DER COMPUTERTASTATUR EIN.
DER COMPUTER SCHLÄGT ALARM.

SEKRETÄRIN: Chef, der Computer sagt: Geht nicht.

CHEF: Wie? Geht nicht?

SEKRETÄRIN: Zu kurz.

DIE FIGUREN VERHARREN WIE AUF EINEM LEBENDEN BILD, UND DAS BÜHNENLICHT VERLÖSCHT LANGSAM.

KOHL VERLAG KLEINE STÜCKE Das Erzählcafé – Bestell-Nr. 12 363

ÜBERZEIT ODER CHAT 2.0

Personen:

Erzähler
Gina, Chat-Administratorin
Androide (Modell: Q Zwo Null Sechzehn), auch Andi oder Blechbüchse genannt
Plig, eigentlich Mick Meier
Kuba, eigentlich Bernd Kupek, Pligs Freund
Klein Kuba, Kuba als Kind
Lo, eigentlich Charlotte, Kusine von Kuba und Ex-Freundin von Plig
Klein Lo, Charlotte als Kind
Auktionator, Leiter einer Online-Auktion
Halbleiter, Teilnehmer einer Online-Auktion
Zwergpony, Teilnehmer einer Online-Auktion
Linksabbieger, Teilnehmer einer Online-Auktion
Kris, eigentlich Christine, ehemalige Schulfreundin von Xenia
Xenia, ehemalige Schulfreundin von Christine
Mutsch, Charlottes Mutter
Ralf, ehemaliger Schulfreund von Charlotte und Xenia
Ralfs Mutter
Hanno, eigentlich Hans-Martin, ehemaliger Schulfreund von Charlotte und Nachbar von Xenia
Wernher van Gerick, Astronaut
Tamara, Astronautin
Funker

Kurzinhalt:

Zwei Figuren aus einem Weltraumabenteuer geraten in ein zeitraubendes Chat-Forum von Schulfreunden.

Ort der Handlung:

Cyberspace

Spieldauer:

90-110 Minuten

ÜBERZEIT ODER CHAT 2.0

ERZÄHLER: Erstes Bild: Stilles Rendezvous. Eine Theaterbühne mit heruntergelassenem Eisernen Vorhang, der Zuschauerraum so gut wie leer, doch ganz erfüllt vom Summen der Notbeleuchtung. Im halbdunklen Parkett sitzen locker verstreut Paare, die sich stumm unterhalten, ohne die Lippen zu bewegen, nur die Hände sprechen lassen, bis ein Klingeln das Gebärdenspiel unterbricht. Ohne Hast reichen sie sich die Hände zum Abschied, dann wechseln sie die Plätze und bilden neue Paare und beginnen im Halbdunkel lautlos neue Gespräche. Wieder bewegen sich nur die Hände. Wieder bleiben die Lippen geschlossen, doch plötzlich ist aus dem Parkett ein Kichern zu hören. Was hat das zu bedeuten? Mit wem haben wir es hier zu tun?

TIPPEN AUF DER COMPUTERTASTATUR.

ERZÄHLER: Sie heißen Captain Wernher van Gerick und Simone, Modell Q Zwo Null Sechzehn und Gina, Ralf und Hanno, Halbleiter und Kuba, Linksabbieger und Zwergpony, Kris und Xenia, Plig und Leutnant Tamara, Mutsch und Lo. Lo sagt Mutsch zu ihrer Mutter, die voll selbstloser Liebe ist, während Lo nur sich selbst liebt und das schon seit zwanzig Jahren, was, um ehrlich zu sein, nur die halbe Wahrheit ist. Lo hat sich vor einiger Zeit auch in Plig verliebt und ist wiedergeliebt worden und hat ihn doch zweimal verlassen, zuletzt wegen sich selbst. Seitdem versinkt Plig stundenweise in schläfriger Schwermut, was seinem Freund Kuba nicht bloß merkwürdig, sondern höchst bedenklich vorkommt. Diesem Kuba hat die Natur ein Talent zum Zeichnen geschenkt, das er an aufwendig gestaltete Weltraumabenteuer verschwendet, und wie seine Cousine Lo liebt der junge Künstler vor allem sich selbst. Los Freundin Kris ist eher schüchtern, also ganz anders als Los Freundin Xenia, die mutig jeder Herausforderung trotzt, solange sie in keine Zahnarztpraxis führt. Auch bei Captain Wernher van Gerick gibt es einen schwachen Punkt; er kann den Anblick von toten weißen Mäusen in Alkohol nicht ertragen, während seine Frau Simone alle Arten von Mäusen fürchtet, tote und lebende, mit und ohne Alkohol; außerdem hegt sie starke Zweifel am Sinn des Lebens, seit ihr Mann spurlos verschwunden ist. Am Sinn des Lebens zweifelt auch der Androide Modell Q Zwo Null Sechzehn, doch aus anderem Grund; er ist kein Mensch. Kein Unmensch ist dagegen Gina, auch wenn sie sich manchmal anders verhält, denn Gina hat vorgestern die Geduld entdeckt und wird sich diese übermorgen patentieren lassen. Keine Geduld hat dagegen Halbleiter, der wie sein Halbbruder Zwergpony von einem unstillbaren Appetit auf Supermarktpizza beherrscht wird. Sein Tagesrekord liegt bei sieben Stück, worüber sein Halbbruder so verärgert ist, dass sich ihr gemeinsamer Freund Linksabbieger inzwischen fragt, ob die Gehirne der beiden nicht aus Mehl und Hefe bestehen, worauf es zu beider Lebzeiten wohl keine Antwort geben wird.

MUSIKALISCHES MOTIV „GONG".

GINA: Hallo! Ich bin Gina. Ich leite die Schicht. Hast du schon mal so etwas gemacht?

ANDROIDE: Nein, noch nie.

GINA: Kennst du dich bei Computern aus?

ANDROIDE: Ja. Doch bestimmt nicht so gut wie du.

GINA: Ich kenne mich bei Computern überhaupt nicht aus. Was hast du vorher gemacht?

ANDROIDE: Ich war draußen.

GINA: Im Außendienst?

ANDROIDE: Nein, im All.

GINA: Im Weltall?

ANDROIDE: Ich war Erster Custos auf der Raumstation.

GINA: Und wieso bist du jetzt hier?

ANDROIDE: Betriebsbedingte Kündigung.

GINA: Sehr komisch!

ANDROIDE: Es gab dort einen Unfall.

GINA: Dann haben sie die Raumstation also stillgelegt. In den Nachrichten ist das gar nicht erwähnt worden.

ANDROIDE: Ich weiß.

GINA: Merkwürdig. Wieso ist nicht darüber berichtet worden? Das ist doch sonst nicht ihre Art.

ANDROIDE: Wahrscheinlich haben sie eine Nachrichtensperre verhängt.

GINA: Ich verstehe, Krieg der Welten, letzter Teil. Und du warst dabei, - als Erster Custos! Bestimmt hast du viel gesehen und auch erlebt.

ANDROIDE: Ich darf nicht darüber sprechen.

GINA: Wieso nicht? Schalten sie dich sonst ab, wenn du hier was ausplauderst?

ANDROIDE: Gina, können wir das Thema wechseln, bitte?

GINA: Alter Zuse! Du bist mir vielleicht ein Held!

ANDROIDE: Bitte!

GINA: Gut. Dann will ich mal nicht so sein.

ANDROIDE: Danke, Gina. Sagst du mir jetzt, was meine Aufgabe hier ist?

GINA: Dazu komme ich gleich. Erst müssen wir klären, wie du heißt. Modell Q Zwo Null Sechzehn klingt nicht sehr kollegial, finde ich. Wie wär's mit Andi? Der Name würde doch zu dir passen – Andi, der kleine Androide? Was meinst du?

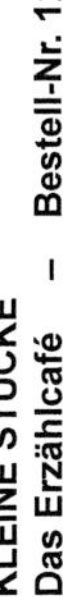

ANDROIDE: Blechbüchse wäre mir lieber.

GINA: Blechbüchse? Alter Zuse! Die Art von Humor hätte ich dir gar nicht zugetraut! Sehr komisch.

ANDROIDE: So hat mich der Captain immer genannt.

GINA: Wer?

ANDROIDE: Der Captain fand das auch sehr komisch, genau wie du. Ich denke, ihr beide würdet euch bestimmt gut verstehen. Ihr habt beide den gleichen Humor.

GINA: Welchen Captain meinst du?

ANDROIDE: Captain Wernher van Gerick.

GINA: Der Name sagt mir nichts. Was macht er?

ANDROIDE: Das darf ich nicht sagen.

GINA: Dann ist heute ja dein Glückstag! Ich habe nämlich Redefreiheit! Also, was möchtest du wissen, Geheimagent Q Zwo Null Sechzehn?

ANDROIDE: Bist du auf mich böse?

GINA: Nein, wieso?

ANDROIDE: Ich empfange Impulse aus deinem Erregungszentrum ---

GINA: Erregungs-Was?!

ANDROIDE: Erregungszentrum. Das befindet sich bei euch Humanoiden im Vorderhirn.

GINA: Hör' mal, Blechbüchse, meinst du nicht auch, du gehst jetzt ein bisschen zu weit?

ANDROIDE: Genau das hat der Captain auch gesagt.

GINA: Was du nicht sagst!

ANDROIDE: Ich verstehe deine Frage nicht, Gina. Kannst du sie vielleicht so formulieren, dass ich sie beantworten kann?

GINA: Also, was hat der Captain auch gesagt?

ANDROIDE: Er sagte, --- ich kann es dir vorspielen, Gina. Ich habe es aufgenommen ---

GINA: Aber nur, wenn es ein Staatsgeheimnis ist, sonst nicht.

ÜBERZEIT ODER CHAT 2.0

ANDROIDE: Es ist unter Code Zwei. Ich darf es also wiedergeben. Es ist nicht geheim.

GINA: Schade.

DER ANDROIDE SPIELT DIE TONAUFNAHME AB.

GERICK: Blechbüchse! Wie weit gehst du noch?

ANDROIDE: 35804,5 Kilometer.

GERICK: Meinst du nicht auch, du gehst jetzt ein bisschen zu weit?

ANDROIDE: Wieso?

GERICK: Vergiß es! Komma Fünf, sagst du, nicht Sechs?

ANDROIDE: Komma Fünf-Eins-Drei, um genau zu sein.

GERICK: Dann wollen wir uns mal --- *(DER ANDROIDE UNTERBRICHT DIE WIEDERGABE.)* Was jetzt kommt, ist nicht wichtig. Und? Hast du gemerkt? Er sagt dasselbe wie du. Ihr beide seid stereo. Ist das nicht komisch?

GINA: Was ist daran komisch? Er benutzt dieselben Wörter, na und? Trotzdem sagt er nicht dasselbe. Das ist ein großer Unterschied.

ANDROIDE: Wie groß?

GINA: So groß wie der Unterschied zwischen dir und mir.

ANDROIDE: Der ist nicht sehr groß, Gina, nur ein Buchstabe. Das ist nicht sehr viel.

GINA: Das glaubst du! Der Buchstabe hat es in sich! In ihm steckt die höchste Form der Materie!

ANDROIDE: Du irrst, Gina. Es ist nur ein kleiner Buchstabe, ein winziges Ding, das dich und mich unterscheidet.

GINA: Alter Zuse! Du bist wirklich so schlau wie anderthalb Meter Lötzinn!

ANDROIDE: Das hat der Captain auch gesagt.

GINA: So, hat er das? Und wo ist dieser Captain jetzt?

ANDROIDE: Ich weiß nicht, wo er jetzt ist. Ich habe hier keinen Empfang.

GINA: Moment mal! Wie kannst du dann Impulse von mir empfangen?

ANDROIDE: Nur wenn das Signal sehr stark ist, kann ich das, sonst nicht.

GINA: Wie beruhigend.

ANDROIDE: Ich verstehe deine Frage nicht.

GINA: Das ist keine Frage gewesen.

MUSIKALISCHES MOTIV „GONG".

GINA: Entschuldigung, die Arbeit ruft. Ich schlage vor, du guckst erst mal zu, einverstanden?

MUSIKALISCHES MOTIV „GONG".

ANDROIDE: Einverstanden, Gina.

MUSIKALISCHES MOTIV „PRELUDE".

GINA: Der Nutzer Plig hat das Forum betreten.

PLIG: Hallo, wie geht's?

KUBA: Gut, und dir?

PLIG: Besser. Was machst du gerade?

KUBA: Was wohl? Was denkst du?

PLIG: Das ist doch gleich.

KUBA: Gleich ist Sechsundsechzig.

PLIG: Bist du sicher?

KUBA: Du kannst ja nachrechnen.

PLIG: Wie ging das noch mal?

KUBA: Rechnen ist nicht deine Stärke, Plig?

PLIG: Stimmt.

KUBA: Wie stimmt?

PLIG: Sechsundsechzig ist gleich.

KUBA: Sag' ich doch.

MUSIKALISCHES MOTIV „PRELUDE".

ÜBERZEIT ODER CHAT 2.0

GINA: Der Nutzer Plig hat die Statusmeldung in *Sechsundsechzig* geändert.

KUBA: Hast du schon mal Zerto gespielt?

PLIG: Ja.

KUBA: Und? Wie ist es? Ist es gut?

PLIG: Ja. Wollen wir es spielen?

MUSIKALISCHES MOTIV „PRELUDE".

GINA: Der Nutzer Plig lädt den Nutzer Kuba zum Spiel Zerto ein.

MUSIKALISCHES MOTIV „WARTEN".

GINA: Einen Augenblick Geduld bitte.

MUSIKALISCHES MOTIV „PRELUDE".

GINA: Der Nutzer Kuba hat die Einladung angenommen.

PLIG: Klick' mal mit der Maus.

KUBA: Mach' ich doch.

PLIG: Du musst den ersten Buchstaben anklicken.

KUBA: Das Zet meinst du?

PLIG: Ja.

KUBA: Bei mir tut sich aber nichts.

MUSIKALISCHES MOTIV „PRELUDE".

GINA: Der Nutzer Plig lädt den Nutzer Kuba zum Spiel Zerto ein.

MUSIKALISCHES MOTIV „WARTEN".

GINA: Einen Augenblick Geduld bitte.

MUSIKALISCHES MOTIV „STÖRUNG".

GINA: Der Nutzer Plig hat die Einladung abgebrochen.

KUBA: Lad' mich noch mal ein.

ÜBERZEIT ODER CHAT 2.0

MUSIKALISCHES MOTIV „PRELUDE".

GINA: Der Nutzer Plig lädt den Nutzer Kuba zum Spiel Zerto ein.

MUSIKALISCHES MOTIV „WARTEN".

GINA: Einen Augenblick Geduld bitte.

MUSIKALISCHES MOTIV „PRELUDE".

GINA: Der Nutzer Kuba hat die Einladung angenommen.

MUSIKALISCHES MOTIV „BESTÄTIGUNG".

PLIG: Und jetzt das Zet mit der Maus anklicken.

MUSIKALISCHES MOTIV „ZERTO".

PLIG: Fünf. Vier. Drei. Zwo. Eins!

SCHUSSGERÄUSCHE.

KUBA: Was soll das?

PLIG: Ruhe in Frieden!

KUBA: Das ist nicht fair! Ich dachte, es geht erst los.

MUSIKALISCHES MOTIV „SPIELENDE".

PLIG: Reg' dich wieder ab, Kuba! Wir spielen noch mal eine Runde.

MUSIKALISCHES MOTIV „PRELUDE".

GINA: Der Nutzer Plig lädt den Nutzer Kuba zum Spiel Zerto ein.

MUSIKALISCHES MOTIV „WARTEN".

GINA: Einen Augenblick Geduld bitte.

PLIG: Wie ist das so, tot zu sein?

KUBA: Das verstehst du noch nicht, Plig. Dazu bist du noch zu jung.

PLIG: Hör' mal, durch die Zeitumstellung bin ich jetzt eine Stunde älter.

KUBA: Na und? Du bleibst trotzdem jünger.

KOHL VERLAG KLEINE STÜCKE Das Erzählcafé – Bestell-Nr. 12 363

PLIG: Wieso?

KUBA: Weil ich morgen Geburtstag habe.

PLIG: Gut, dann eben nicht.

MUSIKALISCHES MOTIV „WARTEN".

GINA: Einen Augenblick Geduld bitte.

PLIG: Feierst du deinen Geburtstag?

KUBA: Na klar, doch.

MUSIKALISCHES MOTIV „PRELUDE".

GINA: Der Nutzer Kuba hat die Statusmeldung in *Zu meinem Geburtstag alles Gute, zu meinem Geburtstag viel Glück* geändert.

MUSIKALISCHES MOTIV „HAPPY B'DAY".

PLIG: Du feierst ihn aber nicht mit deiner Cousine?

KUBA: Nein, mit meinen Freunden.

PLIG: Du kannst Lo nicht besonders leiden, stimmt's?

KUBA: Nein, so habe ich es nicht gemeint. Die Kindergeburtstage sind nur schon ziemlich lange her.

PLIG: Sieb-zehn war o-kay. Acht-zehn tat nicht weh. Neun-zehn fand' ich schön. Neun-zehn muss nun geh'n.

KUBA: Singen müsste man können, Plig.

PLIG: Dafür kann ich gut zählen, Kuba. Und? Kam mein Mikrophon noch mal zum Einsatz?

KUBA: Wieso?

PLIG: Wieso wohl, du Blitzmerker?

KUBA: Ich weiß, was du meinst.

PLIG: Normalerweise kommt sonst als Antwort immer ein Ha-ha-ha.

KUBA: Ha! Ha! Ha!

PLIG: Und was machst du mit den Tonaufnahmen?

KUBA: Ich stelle sie ins Netz.

PLIG: Mehr nicht?

KUBA: Ha! Ha! Ha! Läuft das Spiel schon?

PLIG: Bei mir nicht. Ich klicke noch mal.

MUSIKALISCHES MOTIV „WARTEN".

GINA: Einen Augenblick Geduld bitte.

PLIG: Nein, bei mir geht es nicht.

KUBA: Schade.

MUSIKALISCHES MOTIV „PRELUDE".

GINA: Das Spiel wird gerade von anderen gespielt. Ihr müsst euch etwas gedulden. Es tut mir leid. Ich kann gerade nicht mehr für euch tun.

PLIG: Doch, das könntest du, indem du die anderen rausschmeißt!

GINA: Alter Zuse! Sonst noch was?

KUBA: Wo bleibt dein Charme, Plig?! Es müsste doch ein Kinderspiel für dich als Casanova sein, die Administratorin um den Finger zu wickeln.

PLIG: Das hat doch nichts mit Casanova zu tun, Kuba. Der beste Schauspieler kann nur so gut sein wie das Publikum, und die Administratorin hat so gar keinen Sinn für ein gutes Gespräch.

KUBA: Und ich hatte mich jetzt schon so auf eine Komödie gefreut. Ha. Ha. Ha.

MUSIKALISCHES MOTIV „PRELUDE".

GINA: Der Nutzer Kuba hat das Forum verlassen.

MUSIKALISCHES MOTIV „PRELUDE".

GINA: Der Nutzer Kuba hat das Forum betreten.

PLIG: Was war das denn gerade, Kuba?

KUBA: Das Netzwerk spielt ab und zu verrückt. Also, bitte nicht wundern, wenn ich plötzlich weg bin.

MUSIKALISCHES MOTIV „PRELUDE".

ÜBERZEIT ODER CHAT 2.0

GINA: Der Nutzer Kuba hat das Forum verlassen.

MUSIKALISCHES MOTIV „STÖRUNG".

GINA: Es ist ein Fehler aufgetreten. Folgende Nachricht konnte nicht übermittelt werden:

KUBA: Also, bitte nicht wundern, wenn ich plötzlich weg bin.

MUSIKALISCHES MOTIV „PRELUDE".

GINA: Der Nutzer Kuba hat das Forum verlassen.

TIPPEN AUF DER COMPUTERTASTATUR.

ERZÄHLER: Der kleine Kuba konnte gut klettern, und nur er wusste, wo der zweite Schlüssel zum Schuppen war. Er lag im Nest, das der Taube mit dem schwarzen Halbmond gehörte. Zwei Junge hatte sie darin aufgezogen. Jetzt stand es leer und war sein Versteck. Kuba steckte den Schlüssel in die Hosentasche und sah nach unten. Auf der Gartenbank saß Lo, seine Cousine. Ihre Brillengläser strahlten wie Suchscheinwerfer zu ihm hoch.

KLEIN LO: Wenn deine Mama dich auf dem Baum sieht, kriegst du bestimmt Dresche.

KLEIN KUBA: Sie kann mich nicht sehen. Ich bin unsichtbar.

KLEIN LO: Du spinnst. Deinen dicken Hintern sieht sie sofort. Gibst du mir den Schlüssel?

KLEIN KUBA: Nein. Jetzt kriegst du ihn nicht. Du hast gesagt, ich spinne.

KLEIN LO: Mein Gott, bist du empfindlich.

KLEIN KUBA: Ich habe ganz genau gehört, dass du es gesagt hast.

KLEIN LO: Der Schlüssel gehört nicht dir.

KLEIN KUBA: Dir gehört er auch nicht. Er gehört meinem Papa.

ERZÄHLER: Die Äste knackten, als der kleine Kuba höher stieg.

KLEIN KUBA: Ich sehe, was du nicht siehst.

KLEIN LO: Eine Wolke?

KLEIN KUBA: Kalt.

KLEIN LO: Wehe dir, es ist eine Raupe!

KLEIN KUBA: Noch kälter.

KLEIN LO: Es ist dein dämliches Vogelnest, stimmt's?

KLEIN KUBA: Ich glaube, ich erfriere gleich.

KLEIN LO: Nun sag' schon, was es ist.

KLEIN KUBA: Eine Taube.

KLEIN LO: Wo?

KLEIN KUBA: Auf dem Dach. Jetzt fliegt sie weg.

KLEIN LO: Wieso sehe ich sie dann nicht?

KLEIN KUBA: Wenn sie zurückkommt, kannst du sie ja fragen.

KLEIN LO: Blödmann!

ERZÄHLER: Die kleine Lo hatte genug von diesem albernen Spiel und stand auf.

KLEIN KUBA: Was hast du vor?

KLEIN LO: Wer zuerst bei der Schaukel ist.

KLEIN KUBA: Warte auf mich!

KLEIN LO: Erster!

KLEIN KUBA: Du bist gemein, Lo.

MUSIKALISCHES MOTIV „SCHAUKEL".

KLEIN LO: Jetzt fliege ich zur Sonne. Und jetzt zum Mond.

KLEIN KUBA: Dein Höschen ist schmutzig.

KLEIN LO: Lügner!

KLEIN KUBA: Lolo!

KLEIN LO: Du fängst gleich eine.

KLEIN KUBA: Lolo!

DER KLEINE KUBA WEINT.

KLEIN LO: Ich habe dich gewarnt.

ÜBERZEIT ODER CHAT 2.0

KLEIN KUBA: Das sage ich deiner Mama.

KLEIN LO: Und ich erzähle deiner Mama, dass du auf dem Baum warst.

KLEIN KUBA: Das machst du nicht!

KLEIN LO: Doch, ich tu's, wenn du mir nicht den Schlüssel gibst.

KLEIN KUBA: Ich habe sie aber zuerst entdeckt.

KLEIN LO: Keine Angst. Ich gucke deiner Maus schon nichts weg.

ERZÄHLER: Der Schuppen war voller Krempel. Auf dem Boden türmten sich vergilbte Tageszeitungen und zwischen leeren Obstkisten rostete trotzig ein Dreirad vor sich hin.

KLEIN KUBA: Hier ist sie, Lo. Was habe ich gesagt? Sie hat die Augen zu und schläft.

KLEIN LO: Ich weiß nicht. Ich glaube, sie ist tot.

KLEIN KUBA: Warum ist sie tot?

DER KLEINE KUBA WEINT.

KLEIN LO: Hör auf zu heulen! Ich habe doch bloß Spaß gemacht.

ERZÄHLER: Sie begruben die Maus im Garten. Auf das Grab steckte der kleine Kuba einen Ast. Lo lachte, als er zerbrach. Behutsam zog Kuba den Ast wieder heraus, und mit ernster Miene betrachtete er das geheimnisvolle Loch, durch das Sandkorn um Sandkorn verschwand.

TIPPEN AUF DER COMPUTERTASTATUR.

PLIG: Bist du das, Lo?

LO: Ja?

PLIG: Was machst du gerade?

LO: Mich unterhalten.

PLIG: So, so.

LO: Oh! Oh! Oh! Ich sage jetzt so gern: Oh! Oh! Oh!

PLIG: So, so. Sehr lustig!

LO: Du willst ja bloß stänkern.

PLIG: Ich? Niemals! Ganz bestimmt nicht.

KOHL VERLAG KLEINE STÜCKE Das Erzählcafé – Bestell-Nr. 12 363

ÜBERZEIT ODER CHAT 2.0

MUSIKALISCHES MOTIV „PRELUDE“.

GINA: Die Nutzerin Lo hat die Statusmeldung in *Oh! Oh! Oh!* geändert!

PLIG: Was denkst du bloß von mir?

LO: Oh! Oh! Oh! Ich lach‘ mich gleich tot.

PLIG: Du! Ich kann auch anders!

LO: Willst du mir drohen?

PLIG: Wo denkst du hin?

LO: Ich geh‘ gleich.

PLIG: Wieso?

MUSIKALISCHES MOTIV „PRELUDE“.

GINA: Die Nutzerin Lo hat die Statusmeldung in *abwesend* geändert.

LO: Ich muss noch ein Gebot abgeben.

PLIG: Okay, dann viel Glück.

LO: Danke. Bis dann.

PLIG: Bis dann.

MUSIKALISCHES MOTIV „PRELUDE“.

GINA: Die Nutzerin Lo hat die Statusmeldung in *anwesend* geändert.

PLIG: Wolltest du nicht gehen?

LO: Die Auktion läuft noch nicht.

PLIG: Ach so.

LO: Bis dann.

PLIG: Bis dann.

MUSIKALISCHES MOTIV „PRELUDE“.

GINA: Der Nutzer Plig hat das Forum verlassen.

ÜBERZEIT ODER CHAT 2.0

TIPPEN AUF DER COMPUTERTASTATUR.

AUKTIONATOR: Los Einhundertdreiundzwanzig, noch im Originalzustand, fünfzehn Minuten Aufmerksamkeit, bewusst und klar, fünfzehn Minuten ungeteilte Aufmerksamkeit, in tadellosem Zustand, wer bietet zuerst? Wie viel kann ich nennen? Wie viel wird geboten?

HALBLEITER: Ein Euro.

AUKTIONATOR: Ein Euro wird geboten von Halbleiter. Wer sagt zwei?

LINKSABBIEGER: Zwei.

AUKTIONATOR: Danke. Zwei Euro werden geboten von Linksabbieger. Höre ich drei? Wer bietet drei?

ZWERGPONY: Drei.

AUKTIONATOR: Drei, danke sehr. Drei Euro werden geboten von Zwergpony. Wir sind bei drei. Wer sagt vier?

HALBLEITER: Vier.

AUKTIONATOR: Ich höre vier. Wer sagt fünf? Fünf jemand? Vier zum ersten. Vier zum zweiten. Letzte Chance.

LO: Zwei.

ZWERGPONY: Sehr witzig! Hi! Hi! Hi! Zwei Euro!

AUKTIONATOR: Es sind aber schon vier geboten, Lo.

LO: Ich biete trotzdem zwei.

AUKTIONATOR: Es tut mir leid. Nach den Auktionsregeln ist dein Gebot nicht zulässig! Wer sagt fünf?

LINKSABBIEGER: Fünf.

AUKTIONATOR: Fünf Euro werden geboten von Linksabbieger. Wer sagt sechs? Niemand? Fünf zum ersten. Fünf zum ---

LO: Wer weiß, ob das nicht ein Betrug ist. Mir kommt es so vor.

LINKSABBIEGER: Warum sollte das ein Betrug sein?

LO: Weil keiner echte Aufmerksamkeit zu Geld macht.

LINKSABBIEGER: Du willst doch bloß stänkern!

HALBLEITER: Ja, hau doch ab!

ZWERGPONY: Genau!

LINKSABBIEGER: Unecht oder nicht, billig bleibt billig!

ZWERGPONY: Billiger! Billiger!

AUKTIONATOR: Ruhe, bitte!

LO: Ich gehe jede Wette ein, das ist keine echte Aufmerksamkeit!

HALBLEITER: Und ich wette dagegen, dass du eine echte Vollidiotin bist.

AUKTIONATOR: Ich bitte um Ruhe!

ZWERGPONY: Heute billiger! Heute billiger! Morgen umsonst!

AUKTIONATOR: Ruhe, bitte! Im Sinne der Auktion wollen sich alle bitte an die Regeln halten! Das letzte Gebot stand bei fünf Euro. Höre ich sechs? Sechs jemand? Niemand? Letzte Chance und letztes Gebot! Fünf zum ersten. Fünf zum zweiten. Fünf zum ---

LO: Ein Euro!

MUSIKALISCHES MOTIV „GONG“.

AUKTIONATOR: Los Einhundertdreiundzwanzig, fünfzehn Minuten klare Aufmerksamkeit, versteigert für fünf Euro an Linksabbieger!

MUSIKALISCHES MOTIV „GONG“.

GINA: So. Was möchtest du nun wissen, Blechbüchse?

ANDROIDE: Was genau ist meine Aufgabe?

GINA: Du schenkst ihnen Aufmerksamkeit.

ANDROIDE: Und wie mache ich das, Gina?

GINA: Indem du sie in ein Gespräch verwickelst. Du stellst ihnen Fragen, damit sie glauben, du findest sie interessant, - interessant zu sein, bedeutet für sie alles. Dass sie dir völlig egal sind, wissen nur du und ich, doch du darfst dir das nicht anmerken lassen. Also achte darauf, was du sagst, und vergiss nicht, ein lockeres Gespräch macht ihnen mehr Spaß als ein zähes Frage- und Antwort-Spiel.

ANDROIDE: Wie verhalte ich mich, wenn sie Probleme haben?

GINA: Dann versuchst du, das Thema zu wechseln. Auf keinen Fall darfst du ihnen Ratschläge geben, hörst du! Niemals!

KOHL VERLAG KLEINE STÜCKE Das Erzählcafé – Bestell-Nr. 12 363

ÜBERZEIT ODER CHAT 2.0

ANDROIDE: Und wenn sie das Thema nicht wechseln wollen? Was mache ich dann?

GINA: Dann lässt du sie reden. Zuhören schadet nie! Und auf diese Weise finden sie bei sich selbst die beste Lösung für ihr Problem. Hör' ihnen also gut zu und vergiss nie, es sind nur Worte, die dich mit ihnen verbinden, doch für sie sind es Zauberworte, voller Sehnsüchte und Wünsche. Sieh dich also vor, was du zu ihnen sagst!

ANDROIDE: Wieso sind sie so merkwürdig, Gina?

GINA: Nun, sie haben die Überzeit.

ANDROIDE: Die Überzeit?

GINA: Die Zeit, die sie selbst nicht verbrauchen können. Das Netzwerk holt sich ihre Überzeit, bevor sie verloren geht.

ANDROIDE: Dann bin ich ein Dieb, Gina?

GINA: Nein, du stiehlst ja nichts. Du tauschst deine Aufmerksamkeit gegen ihre Überzeit. Das ist kein Diebstahl. Das ist ein Handel.

ANDROIDE: Was ist, wenn sie wissen wollen, was ich mache?

GINA: Dann bist du Hostess, Student, Musiker, Kellnerin, Matrose, Stewardess, Fernfahrer, Feuerwehrmann, Krankenschwester, Sanitäter, Taxifahrer, es gibt mehr als tausend Berufe, du musst dich nur für einen entscheiden.

ANDROIDE: Warum kann ich kein Androide sein? Damit kenne ich mich am besten aus.

GINA: Nein, kein Androide! Das würden sie nicht verstehen. Und sie würden dem Netzwerk dann nicht mehr vertrauen. Dass du ein Androide bist, bleibt also unter uns! Hörst du?

ANDROIDE: Es ist unser Geheimnis?

GINA: Genau!

ANDROIDE: Mit Geheimnissen kenne ich mich aus, Gina.

GINA: Ich weiß.

ANDROIDE: Darf ich mich mit ihnen treffen?

GINA: Nein, niemals! Das würde dem Netzwerk schaden und du könntest dich in Gefahr bringen.

ANDROIDE: Mit Gefahr meinst du betriebsbedingte Kündigung?

GINA: Zum Beispiel. Das willst du doch nicht, oder?

ANDROIDE: Nein, mir gefällt die Arbeit hier.

GINA: Schön. Dann herzlich willkommen beim Netzwerk, Kollege Andi!

MUSIKALISCHES MOTIV „PRELUDE".

GINA: Die Nutzerin Kris hat das Forum betreten.

LO: Hey, Kris!

KRIS: Hey, Lo! Na, du? Was gibt's Neues?

LO: Nichts. Und bei dir?

KRIS: Ich bin Schwester geworden.

LO: Wie? Krankenschwester?

KRIS: Nein, ich habe jetzt einen kleinen Bruder.

LO: Was? Seit wann?

KRIS: Seit gestern.

LO: Gratuliere.

KRIS: Danke.

LO: Das freut mich für dich. Hast du ihn schon gesehen?

KRIS: Nein.

LO: Säuglinge sind so-oho süß.

KRIS: Nicht, wenn sie noch frisch sind.

LO: Doch, doch, auch dann.

KRIS: Glaub' mir, Lo, ich weiß, wovon ich spreche. Meine Tante hat Zwillinge.

LO: Gleich zwei? Oh! Oh! Oh! Ich finde sie trotzdem so-oho süß. Wart' mal ab, bis er ein bisschen älter ist und dich anschaut und dabei die Augenbraue so hochzieht, als würde er sagen, das meinst du doch nicht ernst, Baby?

KRIS: Baby ist gut.

ÜBERZEIT ODER CHAT 2.0

LO: Wie heißt denn dein Brüderchen?

KRIS: Eigentlich ist es mein Halbbruder, aber ich freue mich trotzdem. Er heißt Timur.

LO: Endlich mal nicht so ein affiger Name wie Jonathan oder Noah.

KRIS: Ich finde auch, Timur passt ganz gut zu einem Schreihals.

LO: Was bedeutet denn der Name?

KRIS: Das ist ziemlich kompliziert zu erklären. Sei mir nicht böse, aber ich habe jetzt wirklich keine Lust, zehn Seiten zu texten.

LO: Gut, dann vielleicht ein anderes Mal. Wie alt ist deine Mutter?

KRIS: Siebenundvierzig.

LO: Oh! Oh! Oh! In dem Alter noch mal Mutter werden.

KRIS: Nein, nicht meine Mutter, die Freundin von meinem Vater ---

LO: Ach so, und ich dachte schon ---

KRIS: Meine Eltern haben sich vor über einem Jahr getrennt.

LO: Das tut mir leid.

KRIS: I wo! So war es für alle am besten. Meine Mutter und mein Vater hatten sich in der letzten Zeit nur noch gestritten.

LO: Und du wohnst jetzt bei deiner Mutter?

KRIS: Ja.

LO: Oh! Oh! Oh! Genau wie ich. *Willkommen im Känguru-Klub! Du kannst je-der-zeit aus-zie-hen; du wirst je-doch nie fort-ge-hen. Will-kom-men im Grand-Ho-tel von Ma-ma. Bist du erst ein-mal dort.*

KRIS: *Bist du erst ein-mal dort.*

BEIDE SINGEN UNISONO (NACH DER MELODIE DES SONGS „HOTEL CALIFORNIA" DER AMERIKANISCHEN POP-BAND „THE EAGLES" (1976)).

LO: Willst du nie wie-der fort.

KRIS: Willst du nie wie-der fort.

LO: Ha! Ha! Ha!

ÜBERZEIT ODER CHAT 2.0

MUSIKALISCHES MOTIV „KLINGELTON“.

KRIS: Warte mal, ja? Ich kriege gerade einen Anruf.

MUSIKALISCHES MOTIV „PRELUDE“.

GINA: Die Nutzerin Kris hat die Statusmeldung geändert in *besetzt*.

KRIS: Lo, ich muss jetzt leider Schluss machen. Meine Cousine will unbedingt den kleinen Schreihals sehen und holt mich gleich ab. Gibst du mir mal deine Nummer? Wir telefonieren später, okay?

LO: Mein Handy ist gesperrt.

KRIS: Wieso das denn?

LO: Keine Ahnung, warum und wieso.

KRIS: Mein Handy war mal gesperrt, weil zu wenig auf dem Konto gewesen ist.

LO: Nein, das kann es nicht sein. Ich habe meine Rechnungen immer bezahlt.

KRIS: Hm. Merkwürdig. Manche Telefongesellschaften buchen trotzdem ab, und du kannst weiterhin telefonieren.

LO: Das ist echt doof. Ohne Handy komme ich mir richtig nackt vor.

KRIS: Warum wechselst du nicht die Telefongesellschaft?

LO: Daran habe ich auch schon gedacht.

KRIS: Ja, mach‘ das doch.

LO: Ich überlege noch. Okay, dann noch viel Spaß mit deinem Brüderchen.

KRIS: Viel Spaß werde ich mit ihm bestimmt nicht haben. Ciao!

LO: Ciao!

MUSIKALISCHES MOTIV „PRELUDE“.

GINA: Die Nutzerin Kris hat das Forum verlassen.

MUSIKALISCHES MOTIV „PRELUDE“.

GINA: Der Nutzer Andi hat das Forum betreten.

ÜBERZEIT ODER CHAT 2.0

LO: Hallo!

MUSIKALISCHES MOTIV „PRELUDE“.

GINA: Der Nutzer Andi hat das Forum verlassen.

LO: Hallo-oho!

MUSIKALISCHES MOTIV „PRELUDE“.

GINA: Der Nutzer Andi hat das Forum betreten.

LO: Bist du da? Hallo!

MUSIKALISCHES MOTIV „PRELUDE“.

GINA: Der Nutzer Andi hat das Forum verlassen.

MUSIKALISCHES MOTIV „PRELUDE“.

GINA: Der Nutzer Andi hat das Forum betreten.

ANDROIDE: Entschuldigung. Ich weiß noch nicht, wie das geht.

LO: Nun hat es ja geklappt, also noch mal: Hallo.

ANDROIDE: Hallo. Wie geht es dir?

LO: Gut. Und dir?

ANDROIDE: Mir geht es auch gut.

LO: Na, wunderbar, und was machst du?

ANDROIDE: Ich lerne.

LO: Was?

ANDROIDE: Alles.

LO: Alles?

ANDROIDE: Ja.

LO: Was meinst du damit?

ANDROIDE: Alles.

LO: Was heißt das genau?

ANDROIDE: Was ich noch nicht weiß. Das heißt alles.

LO: Was du nicht sagst!

ANDROIDE: Ich verstehe die Frage nicht.

LO: Das war keine Frage. Was verstehst du überhaupt?

ANDROIDE: Nicht viel. Ich lerne ja noch. Ich gehe jetzt. Tschüs.

LO: Ja, tu das. Tschüs.

MUSIKALISCHES MOTIV „PRELUDE".

GINA: Der Nutzer Andi hat das Forum verlassen.

TIPPEN AUF DER COMPUTERTASTATUR.

LO: Hey, Xenia!

XENIA: Halli! Hallo! Ich bin gleich wieder da.

LO: Okay.

XENIA: So, da bin ich wieder. Na, wie geht's?

LO: Gut, und dir?

XENIA: Na ja, ich bin ein bisschen gestresst, aber sonst ganz gut.

LO: Wieso das denn?

XENIA: Probe. Entschuldigung. Ich muss mir kurz was zum Trinken holen.

MUSIKALISCHES MOTIV „PRELUDE".

GINA: Diese Nachricht konnte nicht versendet werden, da sie für den Speicher zu groß ist:

XENIA: So, da bin ich wieder. Na, wie geht's?

LO: Gut, und dir?

TIPPEN AUF DER COMPUTERTASTATUR.

XENIA: Halli! Hallo! Da wär' ich wieder. Weißt du noch, wie Kris mit Nachnamen heißt?

KOHL VERLAG KLEINE STÜCKE Das Erzählcafé ▪ Bestell-Nr. 12 363

LO: Ja.

XENIA: Wie?

LO: Fährmann.

XENIA: Richtig, Fährmann.

LO: Wieso?

XENIA: Ach, nur so.

LO: Suchst du sie gerade im Internet?

XENIA: Ja.

LO: Ich soll dir schöne Grüße von Mutsch bestellen, falls du sie noch kennst.

XENIA: Na klar kenne ich Mutsch noch. Danke, und viele Grüße zurück. Wie geht es ihr?

LO: Gut.

XENIA: Schön. Raucht sie immer noch zwei Schachteln am Tag?

LO: Wieder.

XENIA: Wieder? Alles klar.

LO: Sie kann aber jederzeit aufhören, wenn sie will.

XENIA: Bei mir klappt das irgendwie nicht. Ich habe bestimmt schon zehnmal damit aufgehört.

LO: Du musst es nur wollen, und dann geht es auch.

XENIA: Bei mir klappt das trotzdem nicht. Ich habe letzthin sogar einen Test gemacht.

LO: Oh! Oh! Oh! Mir schwant nichts Gutes.

XENIA: Ich hatte neun von zehn Punkten.

LO: Das tut dir jetzt aber nicht leid?

XENIA: Nein, das ist schon okay. Ich stehe zu meinen Schwächen. Und? Was macht die Liebe? Bist du noch mit Plig zusammen?

LO: Nicht mehr. Wir sind nur noch ziemlich beste Freunde.

XENIA: Das ist aber schade.

LO: Na ja, besser so als so.

XENIA: Ihr seht euch aber noch?

LO: Ab und zu.

XENIA: Schade. Ihr wart doch das Traumpaar. Was ist passiert?

LO: Sei mir nicht böse, aber ich will darüber nicht reden. Ich hoffe, du verstehst das.

XENIA: Du brauchst dich nicht zu entschuldigen. Die Sache geht mich schließlich nichts an. Ich wüsste nur gerne, warum alle Plig zu ihm sagen? Heißt er nicht Ralf?

LO: Nein, Mick.

XENIA: Ja, richtig: Michael.

LO: Nicht Michael. Mick! Seine Mutter hat in ihrer Jugend für die Rolling Stones geschwärmt, besonders für diesen Typen mit den Polsterlippen ---

XENIA: Ich weiß, wen du meinst, Mick Irgendwas. Und wer war dann noch mal Ralf?

LO: Das weißt du nicht mehr? Rot-haarige Außer-irdische Lebens-Form mit vier Buchstaben: Err, Aah, Ell, Eff.

XENIA: Ralf? Ralf? Moment! War das nicht der mit den Gesundheitslatschen? Und der nichts aß, was Augen hatte?

LO: Ja, genau der, - Ralf, der Veganer.

XENIA: Jesusmaria, war das eine Nervensäge. Wollte der nicht auch mit Kris gehen?

LO: Ich weiß nicht.

XENIA: Und der ist jetzt im Internet?

LO: Keine Ahnung, aber ich schätze mal, wir können beide froh sein, ihn nicht mehr zu kennen. Er soll so richtig auf die schiefe Bahn geraten sein.

XENIA: Wie? Ich will mit ihm sowieso keinen Kontakt haben, bloß nicht!

LO: Na ja, er treibt sich jetzt mit Zuhältern herum. Das sagt doch alles.

XENIA: Nein!

LO: Er ist völlig auf den Hund gekommen.

XENIA: Das hätte ich nicht von ihm gedacht.

LO: Ich weiß, und darum ist das auch ein Witz gewesen, was ich dir gerade über ihn erzählt habe.

XENIA: He, he! Das war mir schon klar. Ich bin ja nicht auf den Kopf gefallen.

LO: Ralf war aber in der zehnten Klasse nicht mehr dabei. Er und Hanno hatten irgendwas angestellt, aber frag' mich nicht was.

XENIA: Hanno hat es wirklich nicht einfach. Ich glaube, jetzt geht die Phase los, wo er sich überhaupt nicht mehr bewegen kann.

LO: Oh! Oh! Oh! So schlimm ist es schon?

XENIA: Ich glaube ja.

LO: Mensch, das ist wirklich traurig. Wie heißt die Krankheit noch mal?

XENIA: Multiple Sklerose, Muskelschwund.

LO: Schrecklich.

XENIA: Die Krankheit ist teuflisch.

LO: Ungefähr so wie Knochenkrebs?

XENIA: Keine Ahnung. Ich bin keine Ärztin.

LO: Meine Oma ist an Knochenkrebs gestorben.

XENIA: Das tut mir leid. Wie alt war sie?

LO: Einundsiebzig. Zuletzt hat sie sich fast nicht mehr bewegen können und sich so zusammengekrümmt wie ein welkes Blatt. Gegen die Schmerzen haben die Ärzte ihr Morphium gegeben.

XENIA: Morphium? Das ist hart. Hast du sie gemocht?

LO: Irgendwie schon. Wenn ich traurig war, hat sie mich immer in den Arm genommen und ihre Stirn ganz sanft gegen meine gedrückt. Sie hat gesagt, so kann sie meine Seele besser fühlen und mich wieder fröhlich machen, und das funktionierte auch, bis mein Onkel mal gesagt hat, ich würde gleich Omas Falten im Gesicht kriegen.

XENIA: Schräg! Und was hast du gemacht?

LO: Nichts. Seitdem hatte ich bloß eine Heidenangst vor Omas Gedankenübertragung.

XENIA: Das kann ich mir vorstellen.

LO: Als es ihr dann schon ganz schlecht ging, habe ich sie im Krankenhaus besucht und war wieder das traurige Enkelkind von früher: Ich habe meine Stirn ganz sanft an ihre Stirn gelegt, und wie sie gespürt hat, es ist jemand bei ihr, sie ist nicht mehr allein, hat sie mit ihrer Stirn ganz schwach gegen meine Stirn gedrückt wie früher, ja. Ich glaube aber nicht, dass sie mich erkannt hat. Ich denke, in dem Augenblick ist sie schon unterwegs gewesen zu ihrem Stern.

XENIA: Traurig.

LO: Ja, du bist noch da und doch nicht mehr da.

XENIA: Wie kurz vor dem Einschlafen, meinst du?

LO: Ja, ungefähr so.

XENIA: Tja, die Reise steht uns allen noch bevor.

LO: Leider.

MUSIKALISCHES MOTIV „PRELUDE".

GINA: Die Nutzerin Lo hat die Statusmeldung in *Alle-Menschen-sind-sterblich* geändert.

XENIA: Gab es eigentlich mal ein Klassentreffen?

LO: Einmal, glaube ich.

XENIA: Das wusste ich nicht.

LO: Oder zweimal. Ich weiß nicht. Ich bin nicht hin. In dieser Klasse habe ich eigentlich keine Freunde gehabt.

XENIA: Ich auch nicht. Sitzenbleiber bleiben unter sich. Das ist auch in Ordnung so ---

LO: In Schulordnung?

XENIA: Sozusagen. Plig war aber nicht in unserer Klasse?

LO: Nein, Mick ging mit meinem Cousin auf die Lessing-Oberschule nebenan.

XENIA: Du meinst Plig?

LO: Ja.

XENIA: Mick, Plig. Hi! Hi! Hi! Das reimt sich.

KOHL VERLAG KLEINE STÜCKE Das Erzählcafé – Bestell-Nr. 12 363

LO: Ts, ts, ts. Das hätte ich jetzt nicht von dir gedacht, Xenia.

XENIA: Ich weiß. Hi! Hi! Hi! Los, sag' schon, Lo! Wieso heißt er so?

LO: Soviel ich weiß, hat er sich mal so ein Ding für die Gitarre kaufen wollen, so ein Plastikding, mit dem du die Saiten anschlägst.

XENIA: Ich weiß, was du meinst.

LO: Im Musikgeschäft hat er dann ein Plig-Tram verlangt. Ha! Ha! Ha!

XENIA: Ja, und?

LO: Der Verkäufer hat erst gar nicht verstanden, was er will.

XENIA: Und was wollte er?

LO: Ein Plektrum.

XENIA: Ach, so.

LO: Der Verkäufer hat bestimmt gedacht, der Typ hat einen Sprachfehler.

XENIA: Lüs-tisch! Ah Pligtram, plies. Wäri komisch! Ha! Ha! Ha! Wonn Pligtram ohr tu, Sör?

MUSIKALISCHES MOTIV „PRELUDE".

GINA: Die Nutzerin Xenia hat die Statusmeldung in *A-Pligtram-Please* geändert.

LO: Tja, ein Wort bringt das andere. Und? Wie steht's bei dir, Xenia? Hast du inzwischen einen festen Freund?

XENIA: Wo denkst du hin? Ich bin doch ein Edelgas. Ich binde mich nicht.

LO: Du meinst, du bist zu träge?

XENIA: Nein, nur konsequent.

LO: Ich denke eher indifferent.

XENIA: Ist das nicht dasselbe?

LO: Eigentlich nicht.

XENIA: Ich sag's mal so: Ich bleibe mir treu. Ich will mich nicht ändern, um mit einem Kerl zusammen zu sein, nein, danke.

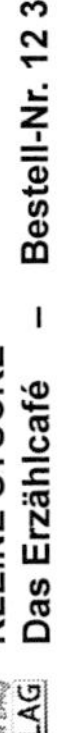

LO: Das kenne ich. Spätestens nach dreizehn Tagen heißt es, warum muss alles immer nach deinem Kopf gehen?

XENIA: Genau! Und wehe dir, du gibst nach. Dann sitzst du in der Falle und bist das liebe Mäuschen!

LO: Ha! Ha! Ha! Hallo, Mäuschen!

XENIA: Zur Zeit habe ich einen älteren Verehrer, so um die vierzig. Er arbeitet in einem Backshop und sagt immer Prinzessin zu mir, selbst wenn tausend andere Leute im Laden sind. Mir ist das so-oho peinlich! Letzthin hat er mich gefragt, wie ich es mache, dass ich so-oho gut aussehe. Ich wusste gar nicht, ob ich mich geschmeichelt fühlen oder gleich übergeben sollte.

LO: Oho! Oho! In dem Fall kannst du gar nicht so viel essen, wie du kotzen könntest.

XENIA: Nein, ich hätte sagen sollen, das liegt bei uns in der Familie. Mein Vater ist Schönheitschirurg in So-oho.

LO: Tja, hinterher bist du Korf.

XENIA: Korf? Was soll das sein?

LO: Korf kommt immer zu spät.

XENIA: Aha.

LO: Und? Hast du Kris schon gefunden?

XENIA: Ja, aber sonst finde ich keinen von unserer alten Klasse im Internet. Wahrscheinlich sind alle tot.

LO: Kann sein. Moment. Ich bin gleich wieder da.

XENIA: Okay, ich warte.

TIPPEN AUF DER COMPUTERTASTATUR.

XENIA: Bist du wieder da?

MUTSCH: Guten Tag. Charlotte kommt gleich wieder. Ich bin ihre Mutter.

XENIA: Hey! Ich bin Xenia. Wie geht es ihnen?

MUTSCH: Danke, gut. Und dir?

XENIA: Ich kann nicht klagen.

MUTSCH: Ich kenne dich noch aus der Zeit, als du mit Charlotte in eine Klasse gingst.

KOHLVERLAG KLEINE STÜCKE Das Erzählcafé – Bestell-Nr. 12 363

<u>XENIA</u>: Lo hat mir schon gesagt, dass sie sich an mich erinnern.

<u>MUTSCH</u>: Du kannst ruhig DU zu mir sagen.

<u>XENIA</u>: Okay.

<u>MUTSCH</u>: Wie geht es deinen Eltern?

<u>XENIA</u>: Gut. Sie sind heute mit dem Auto nach Südfrankreich gefahren. Ich habe zwei Wochen lang die Wohnung ganz für mich allein.

<u>MUTSCH</u>: Es ist schön, die Wohnung eine Zeitlang für sich allein zu haben.

<u>XENIA</u>: Das finde ich auch, ja.

<u>MUTSCH</u>: Ich habe auch ein Auto, aber es ist gerade mal wieder in der Werkstatt. Zum Glück komme ich mit dem Bus überall hin.

<u>XENIA</u>: Sie könnten sich ein Auto auch leihen oder mieten.

<u>MUTSCH</u>: Ich weiß, aber eine Zeitlang geht es auch ohne. Ich spiele sowieso mit dem Gedanken, es ganz abzuschaffen. Was denkst du, was ist besser: Weniger oder gar keine Schadstoffe?

<u>XENIA</u>: Gar keine.

<u>MUTSCH</u>: Das denke ich auch. Trotzdem denken viele, weniger wäre besser. Verstehst du das?

<u>XENIA</u>: Nein.

<u>MUTSCH</u>: Ich auch nicht. Meine Mutter sagte immer: Dummheit zählt anders.

<u>XENIA</u>: Ha! Ha! Ha! Das ist wahr.

<u>MUTSCH</u>: Was ich dich fragen wollte, Xenia, wohnen die Müllers noch bei euch im Haus?

<u>XENIA</u>: Ja.

<u>MUTSCH</u>: Ich wüsste gerne, wie es dem Sohn jetzt geht.

<u>XENIA</u>: Sie meinen Hanno?

<u>MUTSCH</u>: Wie?

<u>XENIA</u>: Hans-Martin?

<u>MUTSCH</u>: Ja, Martin. Der Junge hat mir so leid getan, als er plötzlich nicht mehr richtig gehen konnte.

XENIA: Mir auch.

MUTSCH: Zu manchen Menschen ist das Schicksal wirklich ungnädig.

XENIA: Ich sehe ihn ab und zu. Er sitzt im Rollstuhl, aber er kann noch was machen. Die Frage ist nur, wie lange noch. Die Krankheit ist unheilbar, haben ihm die Ärzte gesagt.

MUTSCH: Das ist wirklich sehr traurig.

XENIA: Und das im 21. Jahrhundert.

MUTSCH: Auch im 23. Jahrhundert werden die Ärzte den Tod nicht besiegt haben.

XENIA: Meinen sie?

MUTSCH: Stell' dir doch mal vor, was passieren würde, wenn keiner mehr stirbt. Dann wäre die Welt über kurz oder lang übervölkert. Es gäbe dann nicht mehr genug zu essen und zu trinken, und du hättest nur noch eine Sorge: Trinken und essen oder verdursten und gegessen werden! Um zu überleben, würdest du sogar über deinen Nachbarn herfallen.

XENIA: Unsere Nachbarin ist über achtzig.

MUTSCH: Das Alter wäre dir in dem Augenblick egal, glaub' mir, das ewige Leben wäre eine einzige Barbarei.

XENIA: Schöne neue Welt.

MUTSCH: Vielleicht ist die Welt in zehn Jahren genauso wie heute, vielleicht ist sie auch ganz anders. Das weißt du nicht, und ich weiß es auch nicht. Sicher ist nur: Die Zukunft behält recht. Wer hätte zum Beispiel vor zehn Jahren gedacht, dass Deutschland mal beliebt sein würde in der Welt? Vor zehn Jahren wollten die Menschen ein Auto aus Deutschland haben. Heute wollen die Menschen nach Deutschland kommen ---

XENIA: Und unsere Autos fahren. Hi! Hi! Hi!

MUTSCH: Heute fürchtet sich keiner mehr vor Deutschland. Und darauf bin ich richtig stolz!

XENIA: Ja, wer hätte das gedacht vor zehn Jahren.

MUTSCH: Keiner!

XENIA: Ja, keiner.

MUTSCH: Klar, es gibt hier auch Leute, die in der Vergangenheit leben; solche Leute würden die Gegenwart und die Zukunft am liebsten mit einem Deutschen Schäferhund auf Helgoland verbringen. Dummheit zählt anders, wie meine Mutter so schön sagt. Solche Leute gibt es aber überall, nicht nur hier.

KOHL VERLAG KLEINE STÜCKE Das Erzählcafé – Bestell-Nr. 12 363

XENIA: Aber hier bringen solche Leute andere Menschen einfach um.

MUTSCH: Nicht nur hier, Xenia, auch anderswo gibt es solche Wahnsinnige.

XENIA: Hier hat der Wahnsinn aber Tradition! Das ist der große Unterschied.

MUTSCH: Ja, leider. So, dann übergebe ich mal wieder an Charlotte. Auf Wiedersehen.

XENIA: Auf Wiedersehen.

TIPPEN AUF DER COMPUTERTASTATUR.

LO: Du hast die Wohnung zwei Wochen für dich?

XENIA: Ja.

LO: Du hast es gut. Wenn meine Mutter so weitermacht, dann passiert hier noch was. Seit einer Woche ist sie jeden Tag an meinem PC. Jetzt werde ich sie aussperren. Schließlich ist es mein PC und nicht ihrer.

XENIA: Eigentum ist Diebstahl, Lo.

LO: Genauso denken Alt-Hippies wie meine Mutter! Wo es geht, werde ich jetzt Passwörter setzen. Du glaubst nicht, wenn ich dir sage, dass sie mich sogar aus meinem Zimmer geschmissen hat, damit sie in Ruhe surfen kann.

XENIA: Das hätte ich jetzt nicht von deiner Mutter gedacht.

LO: Ich auch nicht, doch was soll's! Ich glaube, irgendwie spielen die Hormone gerade bei ihr verrückt. Regnet es bei dir?

XENIA: Es tröpfelt. Und bei dir?

LO: Hier sieht es nach einem Gewitter aus. Der Himmel ist ganz grau und schwarz, als hätte die Stadt sämtliche Farbe aufgesogen.

XENIA: Im Internet steht aber nichts von einem Gewitter. Heute trocken und sonnig, heißt es da.

LO: Vielleicht ist im Internet nicht heute.

XENIA: Heute ist dort nicht heute?

LO: Offenbar nicht.

XENIA: Das kann sein, ja, warum eigentlich nicht? Heute ist dort vielleicht schon übermorgen. Hi! Hi! Hi! Ich könnte jetzt also durch die Zeit reisen.

LO: Wenn dein Internetanschluss schnell genug ist, bestimmt. Und? In welche Zeit würdest du reisen?

XENIA: Keine Ahnung. Ich weiß nicht.

LO: Die jungen Leute von heute, ts, ts, ts!

XENIA: In welche Zeit würdest du denn reisen?

LO: Ich weiß nicht.

XENIA: Auch nicht besser!

LO: Ts! Jetzt werde ich hier schon fertiggemacht.

MUSIKALISCHES MOTIV „PRELUDE".

GINA: Die Nutzerin Lo hat das Forum verlassen.

MUSIKALISCHES MOTIV „PRELUDE".

GINA: Die Nutzerin Lo hat das Forum betreten.

XENIA: Ts, ts, ts. Was machst du?

LO: Was denkst du? Eine Zeitreise? Ha! Ha! Ha!

XENIA: Ich meine: Verlassen, betreten.

LO: Ach, das! Ich wurde vom Netzwerk rausgeworfen.

XENIA: Wieso das denn?

LO: Keine Ahnung. Das macht das Netzwerk öfters.

XENIA: Hast du es beleidigt?

LO: Wieso?

XENIA: Nur so.

LO: So, so.

XENIA: Genau! Lo, ich muss noch was erledigen. Ich melde mich später wieder bei dir, okay?

LO: Okay, bis später.

ÜBERZEIT ODER CHAT 2.0

MUSIKALISCHES MOTIV „PRELUDE".

GINA: Die Nutzerin Xenia hat die Statusmeldung in *abwesend* geändert.

MUSIKALISCHES MOTIV „WECKRUF".

GINA: Du hast gerade einen Weckruf von der Nutzerin Lo erhalten!

PLIG: Hey.

LO: Hey, wie geht's dir? Gut hoffentlich?

PLIG: Auf jeden Fall. Und dir?

LO: Es muss.

PLIG: Ja.

LO: Was machst du gerade?

PLIG: Ich unterhalte mich mit dir. Und was machst du?

LO: Das kann ja heiter werden. Ich merk's jetzt schon.

PLIG: Hält mal einer kurz die Welt an? Ich will aussteigen!

MUSIKALISCHES MOTIV „PRELUDE".

GINA: Der Nutzer Plig hat die Statusnachricht in *Direktübertragung* geändert.

LO: Hast du was genommen?

PLIG: Nein, ich habe nur einen Helm auf.

LO: Du hast einen Helm auf?

PLIG: Ja, einen Fahrradhelm.

LO: Wieso das denn?

PLIG: Einfach so. Ich hatte Lust darauf.

LO: Worauf? Einen Fahrradhelm aufzusetzen?

PLIG: Auf den Kopf, ja.

LO: Was sagt dein Arzt?

PLIG: Lustig, was sonst? Ich stelle mir gerade sein Grinsen vor. Wenn er jetzt nicht aufpasst, verschluckt er ein Ohr und siehst aus wie van Gogh.

FAHRRADKLINGEL.

PLIG: Klinge-ling-ding! Da wären wir wieder! Heute live zugeschaltet für alle Radfahrer ---

LO: Ja, klar, du hast was genommen!

PLIG: Karl von Drais, Freiherr von Sauerbronn, Erfinder der Laufmaschine, auch Draisine genannt.

LO: Steig' mal wieder runter vom Rad, Karl von Drais.

PLIG: Ich bin nicht Karl von Drais. Ich bin ein Profi-Chat-Roboter. Karl von Drais ist mein Pseudonym.

LO: Alles klar.

PLIG: Wirklich? Ich versuche gerade, deine Aufmerksamkeit zu gewinnen, ist dir das aufgefallen?

LO: Nein.

PLIG: Nicht? War ich so schlecht?

LO: Schlechter noch als schlecht.

PLIG: Mist! Wusstest du, dass sie dich in ein Gespräch verwickeln, um dich auszunehmen? Sie unterhalten sich mit dir wie mit einer alten Bekannten und nehmen dich dann aus wie eine Weihnachtsgans.

LO: Wer?

PLIG: Die Profi-Chat-Roboter.

LO: Du spinnst! So was gibt's doch nicht.

PLIG: Und ob es die gibt! Ich spinne nicht.

LO: Und wenn? Spätestens nach drei Sätzen merkst du doch, mit wem du es zu tun hast.

PLIG: Und woher weißt du, dass du dich gerade nicht mit einem Profi-Chat-Roboter unterhältst?

LO: Ich weiß es einfach.

PLIG: Woher?

LO: Ich habe dir einen Weckruf geschickt.

PLIG: Ich bin aber Karl von Drais, der Profi-Chat-Roboter.

LO: Alles klar. Tschüs, ihr beiden.

PLIG: Tschüs.

MUSIKALISCHES MOTIV „STÖRUNG".

GINA: Es ist ein Fehler aufgetreten. Folgende Nachricht konnte nicht übermittelt werden:

LO: Ich habe dir einen Weckruf geschickt.

PLIG: Ich bin aber Karl von Drais, der Profi-Chat-Roboter.

TIPPEN AUF DER COMPUTERTASTATUR.

ERZÄHLER: Das Licht wurde schwächer. Die Kälte lähmte die Batterien. Ralf machte die Taschenlampe ein paarmal an und aus. Der Lichtstrahl quälte sich durchs Dunkel und streifte ein eckiges Ding, offenbar eine Kiste mit Streugut. Im Schein der Taschenlampe waren Fußabdrücke im Schnee zu erkennen. Sie liefen quer über den Hof und vereinten sich in der Mitte zu einer Figur. Ralf stapfte zurück zum Hoftor. Er knipste die Lampe aus und sah sich um. Im Dunkeln war die Schule nur eine formlose graue Masse. Er kletterte über das Gittertor und ließ sich in den Schnee fallen. Er war zufrieden. Wenn es in der Nacht nicht schneite, würde Rektor Israelson morgen große Augen machen. Er klopfte den Schnee von der Jacke und schlich nach Hause.

GERÄUSCH EINER KAFFEEMASCHINE.

RALFS MUTTER: Das gibt es doch nicht! Jetzt hat dein Vater das Ding schon wieder vergessen!

ERZÄHLER: Sie zeigte auf die Trillerpfeife. Ralf sah nicht hin. Nichts war so bedrückend wie die Trillerpfeife eines Polizisten frühmorgens auf dem Küchentisch, während das Radio wieder und wieder Katastrophen meldete.

RALFS MUTTER: Irgendwann geht er noch mal nackt aus dem Haus.

LÄUTEN DER PAUSENGLOCKE.

ERZÄHLER: Es war kurz nach sieben, als Hanno lange vor Unterrichtsbeginn die Schule betrat. Er ahnte, dass Ralf keine Dummheit auslassen würde, um sich an Rektor Israelson für die Strafarbeit zu rächen. Auf der Treppe begegnete er dem Hausmeister, der wie stets freundlich zurückgrüßte. Die Tür zum Klassenzimmer stand offen, aber es brannte kein Licht. Die Putzfrauen hatten die Stühle auf die Tische gestellt und die Heizung aufgedreht. Hanno öffnete das Fenster. Kalte Luft schlug ihm entgegen. Es schneite, und auf dem Pausenhof waren frische Fußabdrücke im Schnee zu erkennen. Sie führten zum hinteren Hoftor, das immer geschlossen war. Er lehnte sich aus dem Fenster. An manchen Stellen war in den Fußspuren das Pflaster zu erkennen. Weiß. Schwarz. Hell. Dunkel. Der Code der Polygraphie. Das Grau in Grau zeigte das Hitlerkreuz, das jetzt noch gut zu erkennen war, doch bald würde der Schnee das dumme Hakenwerk sanft und unerbittlich aufgelöst haben.

ÜBERZEIT ODER CHAT 2.0

TIPPEN AUF DER COMPUTERTASTATUR.

ERZÄHLER: Hanno lief auf den Hof und bemühte sich, genau in die Fußabdrücke zu treten. Sie waren nicht größer als seine eigenen. Er folgte den Spuren im Schnee und gelangte zu der Kiste mit Streugut, von der man den gesamten Pausenhof überblicken konnte. Weiße Flocken schwebten durch das Halbdunkel und fielen lautlos durch den Ring des Basketballkorbs, unter dem Ralf stand. Hanno formte einen Schneeball und warf nach ihm, ohne ihn zu treffen. Ralf hatte die Hände tief in den Jackentaschen vergraben und stampfte wütend im Schnee herum, ohne Hanno zu beachten.

HANNO: Ich wette, dafür kassierst du einen Verweis.

PFEIFSIGNAL FÜR SPIELENDE.

ERZÄHLER: Später dann sah Ralf durch das Fenster im Rektoratszimmer die Hochbahn, die in einem weiten Bogen zwischen den Häusern verlief. Lichter gingen an und verloschen wieder. Um diese Zeit kamen die Menschen aus den Häusern. Rektor Israelson stand mit dem Rücken zum Fenster, das Gesicht halb im Schatten. Während er über die Kunst der Karikatur sprach, streifte das Irrlicht der Hochbahn einen Augenblick lang seine Hände. Ralf sah die kurzen Bewegungen, mit denen Rektor Israelson die Schnur des Rollos in Schlingen legte, dann zählte er wieder die Kakteen auf der Fensterbank. Er zählte sie wieder und wieder, bis er in der Ferne eine Polizeisirene vernahm. Der Heulton schien rasch näher zu kommen und brach plötzlich ab.

TIPPEN AUF DER COMPUTERTASTATUR.

KUBA: Miep! Miep! Miep! Hallöchen! Mein Computer funktioniert wieder. Miep! Miep! Miep. Ich würde mich freuen, wenn sich einer mit mir unterhalten würde. Miep! Miep! Miep!

LO: Na, du? Wie geht's?

KUBA: Bestens. Und dir?

LO: Na ja, so lala. Nachträglich noch alles Gute zum Geburtstag, Cousin.

KUBA: Danke, Cousine.

LO: Und? Geschenke schon umgetauscht?

KUBA: Aber klar doch!

LO: Gut.

KUBA: Ich bin heute so gut drauf, aber auch voll faul.

LO: Warum?

KUBA: Warum ich so gut drauf bin?

LO: Ja.

KUBA: Weil, ähm, keine Ahnung.

LO: Du übertreibst.

KUBA: Stimmt.

LO: Was machst du gerade?

KUBA: Musik hören.

LO: Was?

KUBA: Kinderszenen.

LO: Nie gehört. Schick' mir das mal.

KUBA: Schicken?

LO: Jawohl.

KUBA: Geht nicht.

LO: Hörst du die Musik nicht auf deinem Computer?

KUBA: Nein, auf Schallplatte.

LO: Kannst du die Musik nicht aufnehmen?

KUBA: Keine Verbindung.

LO: Wieso?

KUBA: Was wieso?

LO: Keine Verbindung?

KUBA: Kein Kabel.

LO: Wieso?

KUBA: Keine Ahnung.

LO: Du übertreibst schon wieder.

KUBA: He!

LO: Was he?! Oh! Oh! Oh! Der Herr Cousin ist eingeschnappt. Ha! Ha! Ha!

KUBA SINGT DEN REFRAIN DES SONGS „LOLA" DER BRITISCHEN POPGRUPPE „THE KINKS" (1969) LEICHT VERÄNDERT.

KUBA: *Lolo El-lo-el-lo Lolo Lo-lo-lo-lo Lolo!*

LO: He!

KUBA: Lolo! Das kann ich den lieben langen Tag singen: *Lolo El-lo-el-lo Lolo Lo-lo-lo-lo Lolo!*

LO: So! Jetzt hast du einen Eintrag!

KUBA: Wo?

LO: Auf deiner Seite, wo sonst?

KUBA: Wo genau?

LO: Du gehst zu deinem Gästebuch. Bist du?

MUSIKALISCHES MOTIV „SHREDDER".

KUBA: Ja. Und weg ist er!

LO: Du bist doch wirklich ein Dödel! Warum machst du so was? Ich schreibe dir nie wieder was!

KUBA: Das kannst du, doch wehe dir, es steht da wieder was mit Dödel!

LO: Ach, deswegen! Als ob du nicht Lolo zu mir gesagt hättest ---

KUBA: Okay, schreib' einen neuen, und ich lass ihn stehen.

LO: Später. Ich geh' jetzt erst mal was essen.

KUBA: Okay, guten Appetit.

LO: Danke.

MUSIKALISCHES MOTIV „STÖRUNG".

GINA: Es ist ein Fehler aufgetreten. Folgende Nachricht konnte nicht übermittelt werden:

KUBA: Okay, guten Appetit.

MUSIKALISCHES MOTIV „PRELUDE"

GINA: Der Nutzer Kuba hat das Forum verlassen.

TIPPEN AUF DER COMPUTERTASTATUR.
MUSIKALISCHES MOTIV „PRELUDE".

GINA: Der Nutzer Andi hat das Forum betreten.

ANDROIDE: Charlotte? Du bist doch Charlotte?

LO: Wer will das wissen?

ANDROIDE: Du erinnerst dich nicht an mich?

LO: Nein, tut mir leid. Sollte ich?

ANDROIDE: Ich kann mich aber gut an dich erinnern.

LO: Schön für dich.

MUSIKALISCHES MOTIV „PRELUDE".

GINA: Der Nutzer Andi hat das Forum verlassen.

LO: He! Bist du noch da? Halli! Hallo!!

MUSIKALISCHES MOTIV „STÖRUNG".

GINA: Es ist ein Fehler aufgetreten. Folgende Nachricht konnte nicht übermittelt werden:

LO: He! Bist du noch da? Halli! Hallo!!

TIPPEN AUF DER COMPUTERTASTATUR.

ERZÄHLER: Kuba war nicht zu Hause, aber er würde jeden Augenblick zurückkommen. Plig wartete in seinem Zimmer auf ihn. Der Himmel hatte inzwischen alle Buntheit verloren, und es goss in Strömen. Der Regen würde Kuba bestimmt länger aufhalten, und Plig sah sich im Zimmer nach Lesestoff um. Auf dem Boden türmten sich Comic-Hefte und Bücher. Dazwischen schlängelte sich ein Strom aus bunt bemaltem Papier, der unzählige Filzstifte mit sich führte. Plig folgte den Bildern, die eine geheime Forschungsmission zum Merkur schilderten. Die Besatzung bestand aus dem Wissenschaftler Alexander Brockhaus, dem Androiden Q Zwo Null Sechzehn und Captain Wernher van Gerick, einem erfahrenen Kampfpiloten, der sich nichts aus Wissenschaft machte und ständig im Streit mit Brockhaus lag. Van Gerick hätte den Wissenschaftler am liebsten auf der Venus wegen Meuterei ausgesetzt und dann auf dem Rückflug wieder abgeholt. Schließlich scheiterte die ganze Expedition kurz vor Kubas Schreibtisch, auf dem ein neuer 3D-Drucker stand.

KUBA: Wartest du schon lange?

ÜBERZEIT ODER CHAT 2.0

ERZÄHLER: Kuba stand in der Tür. Die Haare hingen ihm um den Kopf wie blondes Meergras.

PLIG: Ungefähr eine Sternstunde.

KUBA: Und? Wie findest du den Drucker?

PLIG: Phan-plastisch.

KUBA: Ein Geschenk von meinem Onkel. Er ist übers Wochenende zu Besuch bei uns und kennt den Weihnachtsmann persönlich.

ERZÄHLER: Kuba betrachtete sein Spiegelbild im Fenster und schüttelte den Kopf. Missmutig fuhr er sich mit den Fingern durchs nasse Haar.

KUBA: Meine Kusine Lolo ist auch da.

PLIG: Deine Cousine heißt Lolo?

KUBA: Nein, Charlotte, aber wenn du sie ärgern willst, musst du Lolo zu ihr sagen.

PLIG: Der Papagei von meiner Oma ---

KUBA: Papagei ist gut. Im Wörterbuch steht, Lolo gleich ---

ERZÄHLER: Was im Wörterbuch stand, ging in einer Lachsalve unter. Pligs Freund ließ sich aufs Bett fallen und strampelte mit den Beinen wie ein Säugling. Sein Spitzname war Kuba, ein Name, der nichts bedeutete, wenn man ihn nicht kannte. Eigentlich hieß er Bernd Kupek.

KUBA LACHT.

KUBA: *Lolo El-oh-el-oh Lolo Lo-lo-lo-lo Lolo!*

KUBA LACHT.

ERZÄHLER: Der Regenschauer hatte aufgehört. Eine Woge aus Licht flutete ins Zimmer und verzauberte alles. Plig holte das Schachspiel vom Bücherregal und stellte die Figuren auf, während Kuba, von Lachkrämpfen geschüttelt, eine Zigarette anzuzünden versuchte.

ANZÜNDEN EINES STREICHHOLZES.

KUBA: Ihr Lieblingsfach ist Physik. Du weißt schon: Ein Körper übt auf einen anderen Körper eine Kraft aus.

PLIG: Du meinst, dir fällt ein Apfel auf den Kopf, und deine Cousine weiß, warum du Schmerzen hast?

KUBA LACHT.

ERZÄHLER: Sie knobelten. Plig bekam Weiß. Kuba grinste. Er wusste, sein Freund würde mit Weiß nie gegen ihn gewinnen. Sie waren mitten im Spiel, als es an der Tür klopfte. Es war Charlotte.

LO: Hast du eine Zigarette für mich, Kuba?

ERZÄHLER: Ihr Cousin nickte und bat sie herein. Charlotte setzte sich auf das Lexikon zur Technikgeschichte, das vor dem Bett aufgestapelt war. Plig gab ihr Feuer und nahm sich auch eine Zigarette. Kuba sah ihn erstaunt an. Er hatte seinen Freund noch nie rauchen gesehen.

ANZÜNDEN EINES STREICHHOLZES.

KUBA: Wolltest du nicht aufhören, Plig?

PLIG HUSTET.

ERZÄHLER: Sie sprachen über die Schule und wie die Hektik das Gefüge der Zeit auflöste und die Gegenwart unerbittlich die Vergangenheit und auch die Zukunft aufzehrte.

TICKEN EINER MECHANISCHEN STOPPUHR.

PLIG: Weißt du schon, was du in den Großen Ferien machst?

LO: Meine Tante in Australien besuchen. Sie hat dort eine Kängurufarm.

KUBA: Wie isst man denn in Australien die Kängurus, Charlotte?

LO: Mit Messer und Gabel, denke ich.

TICKEN EINER MECHANISCHEN STOPPUHR.

ERZÄHLER: Charlotte zog an ihrer Zigarette und atmete den Rauch tief ein. Ihre Hände waren lang und schmal und wirkten zerbrechlich. Plötzlich schoss aus ihrem Erdbeermund ein dünner Rauchstrahl, der für Sekunden die Schachfiguren in hellblauen Nebel tauchte.

LO: Wer ist am Zug?

KUBA: Plig.

LO: Weiß gewinnt in drei Zügen. Darf ich?

ERZÄHLER: Plig nickte und fühlte, wie seine Wangen zu glühen begannen; eine Kraft wirkte auf ihn ein, ihre Kraft.

TICKEN EINER MECHANISCHEN STOPPUHR.

LO: Schach!

ÜBERZEIT ODER CHAT 2.0

ERZÄHLER: Ungläubig starrte Kuba auf die weiße Dame, die seinen schwarzen König bedrohte. Er stieß graue Rauchwölkchen aus und wünschte sich, ganz weit weg zu sein, zum Beispiel auf der Venus oder - noch besser - in Australien, wo die Äpfel angeblich nach oben fielen.

TIPPEN AUF DER COMPUTERTASTATUR.

XENIA: Halli! Hallo! Ich bin's. Wie geht's Plig eigentlich? Er antwortet mir nicht. Ist er überhaupt mal online?

LO: Am Abend ist er es eigentlich immer.

XENIA: Ich glaube, er erinnert sich nicht mehr an mich.

LO: Meinst du?

XENIA: Bestimmt. Sonst würde er mir doch antworten, was meinst du? Sag' mal. Ich will es wissen.

LO: Ich kann ihn ja mal fragen.

XENIA: Ja, aber das soll jetzt nichts heißen.

LO: Vielleicht hat er dich in schlechter Erinnerung?!

XENIA: Sehr witzig! Wie heißt Plig noch mal mit Nachnamen?

LO: Meier.

XENIA: Mit A und I wie Hai?

LO: Nein, mit E und I wie Ei.

XENIA: Ei, so klar. Mist! Der Name steht ja zig Mal im Internet.

LO: Dir ist doch auch klar warum?

XENIA: Warum?

LO: Er ist ein Klon.

XENIA: Sehr witzig. Trotzdem ist Plig süß. Und nicht nur das.

LO: Was denn noch?

XENIA: He! He!

LO: Sprich dich aus! Na, los!

XENIA: Na, was wohl?

LO: Tja, ich weiß nicht.

XENIA: Warum hat er keine Freundin mehr?

LO: Kompliziert.

XENIA: Heißt das, dass er nicht mehr interessiert ist?

LO: Nein.

XENIA: Warum hat er dann keine?

LO: Kompliziert.

XENIA: Warum das denn?

LO: Kompliziert.

XENIA: Wie kompliziert?

LO: Sehr kompliziert.

XENIA: Aha.

LO: Ja.

XENIA: Warum?

LO: Sag' ich nicht! Zu kompliziert. Okay, ich mach' jetzt Schluss. Bis dann.

XENIA: Ach, nein, geh' noch nicht! Was machst du denn?

LO: Ich muss noch einkaufen.

XENIA: Okay, dann viel Spaß beim Geldausgeben. Und wenn du zufällig Plig treffen solltest, kannst du ihn ja fragen, ob er sich an mich noch erinnert oder nicht, aber nur so ganz nebenbei, okay?

LO: Okay, bis dann.

XENIA: Das Fragen nicht vergessen! Ciao.

MUSIKALISCHES MOTIV „PRELUDE".

GINA: Die Nutzerin Lo hat das Forum verlassen.

ÜBERZEIT ODER CHAT 2.0

TIPPEN AUF DER COMPUTERTASTATUR.

XENIA: Hey, Kris. Wie geht's?

KRIS: Hey, Xenia. Gut, und dir?

XENIA: Auch gut. Und? Was gibt's Neues? Ich habe gehört, du hast dein Brüderchen besucht.

KRIS: Meine Cousine Chantal wollte ihn unbedingt sehen. Da musste ich wohl oder übel mit. Du kennst das ja.

XENIA: Deine Cousine heißt Chantal?

KRIS: Ich weiß, das ist ein Klischee und kein Name.

XENIA: Die Ärmste!

KRIS: Du sagst es.

XENIA: Und wie heißt dein Brüderchen?

KRIS: Timur.

XENIA: Wie der Ur-ur-Enkel von Dschingis-Chan?

KRIS: Alle Achtung! Du hast in Geschichte gut aufgepasst!

XENIA: Quatsch! Türkische Nachbarn. Hast du ein Bild von ihm?

KRIS: Nicht auf dem PC, oder warte mal, vielleicht doch. Meine Cousine hat im Krankenhaus herumgeknipst und wollte mir die Bilder schicken.

XENIA: Okay, ich warte.

KRIS: Okay.

MUSIKALISCHES MOTIV „STÖRUNG".

GINA: Bild Ih-Em-Ge-Null-Elf-Dreiundzwanzig konnte nicht an die Nutzerin Xenia gesendet werden.

XENIA: Ich wusste, dass es nicht klappen würde.

KRIS: Hmmh. Ich versuch's noch mal, okay?

XENIA: Okay.

MUSIKALISCHES MOTIV „PRELUDE".

ÜBERZEIT ODER CHAT 2.0

GINA: Du hast das Bild Ih-Em-Ge-Null-Elf-Dreiundzwanzig erfolgreich erhalten.

KRIS: Und? Hat es jetzt geklappt?

XENIA: Mist! Ich kann die Datei nicht öffnen.

KRIS: Hmmh.

XENIA: Ich hasse Computer!

KRIS: Willkommen im Club!

XENIA: Wem sieht dein Brüderchen denn ähnlich, deinem Vater oder deiner Mutter?

KRIS: Keinem.

XENIA: Keinem?

KRIS: In dem Alter sehen sie doch alle aus wie die Brühwurst.

XENIA: Lästerzunge! Und? Was machst du heute noch?

KRIS: Lesen. Lesen. Lesen.

XENIA: Wieso das denn?

KRIS: Ich muss morgen ein Referat halten.

XENIA: Worüber?

KRIS: Über eine Tochter aus gutem Hause: Simone de Beauvoir.

XENIA: Feminismus?

KRIS: Riesch-tiesch.

XENIA: Einzel- oder Gruppenreferat?

KRIS: Einzel.

XENIA: Gruppen wäre besser: Keiner macht was, und alle kriegen ihre Punkte. Hi! Hi! Hi! Wie lautet das Thema?

KRIS: Wieso kommst du nicht als Frau zur Welt, sondern wirst dazu gemacht?

XENIA: Keine Ahnung.

KRIS: Ich wusste, dass du das sagst.

XENIA: Wieso?

KRIS: Das Thema betrifft dich ja nicht.

XENIA: Lästerzunge!

MUSIKALISCHES MOTIV „PRELUDE".

GINA: Die Nutzerin Xenia hat die Statusmeldung in *Keine-Tochter-aus-gutem-Hause* geändert.

KRIS: Und? Was hast du heute so gemacht?

XENIA: Nichts Besonderes. Wir hatten heute Probe.

KRIS: Spielst du Theater?

XENIA: Nein, ich mache bei einer freien Tanzgruppe mit.

KRIS: Und wo tretet ihr auf?

XENIA: In der Alten Brotfabrik.

KRIS: Ach, da. Ich hatte mir auch schon mal überlegt, einen Tanzkurs zu machen, aber erst wollte mein Freund nicht, und jetzt habe ich keine Zeit mehr dafür.

XENIA: Tja, beim Tanz trennen sich die Geschlechter, Kris.

KRIS: Sei mir nicht böse, Xenia, aber ich muss jetzt Schluss machen. Mein Referat ruft. Wir können ja morgen weiterreden, wenn du willst.

XENIA: Ja, gerne.

KRIS: Bis dann.

XENIA: Und toi, toi, toi morgen.

KRIS: Ich sage jetzt nicht mh-mh-mh. Das bringt Unglück.

XENIA: Bis dann.

MUSIKALISCHES MOTIV „PRELUDE".

GINA: Die Nutzerin Kris hat die Statusmeldung in *beschäftigt* geändert.

TIPPEN AUF DER COMPUTERTASTATUR.

ÜBERZEIT ODER CHAT 2.0

MUSIKALISCHES MOTIV „PRELUDE".

GINA: Die Nutzerin Lo hat das Forum betreten.

XENIA: Hallo?

LO: Hey, Xenia.

XENIA: Hey, Lo. Hier bin ich wieder. Na, hast du Plig schon gefragt?

LO: Nein, noch nicht. Keine Zeit.

XENIA: Ach, du! Warum hast du ihn nicht gefragt?

LO: Es ist nie der richtige Augenblick gewesen.

XENIA: Mensch! Das ist doch nur eine Frage! Du bist mir vielleicht eine!

LO: Wie kommt das denn an, wenn ich einfach so frage: Hallo, Plig, erinnerst du dich noch an Xenia?

XENIA: Quatsch! Du musst einfach sagen: Meine alte Freundin Xenia ist so-oho nett. Ha! Ha! Ha!

LO: Ich lüge doch nicht.

XENIA: Wieso lügen? Das ist doch die Wahrheit! Oder? Wenn du nicht ja sagst, bist du gleich meine Freundin gewesen.

LO: Im Ernst?

XENIA: Klar! Hi! Hi! Hi! Dir muss das doch nicht peinlich sein. Wenn das jemandem peinlich sein könnte, dann höchstens mir.

LO: Oh! Oh! Oh! Was höre ich da?

XENIA: Du bist fies, Lo! Frag' Plig doch mal, bitte! Das ist doch nur peinlich für mich. Und ich will's wissen. Ich glaube wirklich, dass er sich nicht mehr an mich erinnert, ja, und das finde ich wirklich schlimm. Ach, bitte, bitte, bitte!

LO: Ach, danke, danke, danke.

XENIA: Mein Gott, kannst du fies sein!

LO: Das war nicht so gemeint.

XENIA: Ja, ja! Und? Fragst du? Bitte!

ÜBERZEIT ODER CHAT 2.0

MUSIKALISCHES MOTIV „PRELUDE“.

GINA: Die Nutzerin Xenia hat das Forum verlassen.

TIPPEN AUF DER COMPUTERTASTATUR.

LO: Halli! Hallo!.

PLIG: Hey.

LO: Ich soll dich fragen, ob du Xenia magst.

PLIG: Sehr lustig.

LO: Du sagst es.

PLIG: Wer soll das sein?

LO: Xenia? Klingelt bei dir da nichts?

PLIG: Ich hab’s nicht so mit Namen. Das weißt du doch. Wieso fragst du?

LO: Nur so. Ha! Ha! Ha!

PLIG: Hallo! Hab’ ich was verpasst? Oder ist die Po-Ente noch unterwegs?

LO: Nein, alle Po-Enten sind schon nach Italien geflogen. Ha! Ha! Ha! Okay, ich bin dann mal weg.

PLIG: Okay.

MUSIKALISCHES MOTIV „PRELUDE“.

GINA: Folgende Nachricht konnte nicht übermittelt werden:

LO: Nein, alle Po-Enten sind schon nach Italien geflogen. Ha! Ha! Ha!

MUSIKALISCHES MOTIV „KLINGELTON“.

XENIA: Hallo, Leute. Ich bin gerade nicht da. Wenn du mir deine Nummer hinterlässt, gibt’s aber bestimmt ein Feedback.

LO: Hey, Xenia! Ich hab’ ihn gefragt. Er kann sich nicht an dich erinnern, meint er, und falls du dich mit ihm treffen willst, soll ich dir ausrichten: Nie im Leben! Tut mir leid, Xenia. Tschüs!

MUSIKALISCHES MOTIV „PAUSE“.

ÜBERZEIT ODER CHAT 2.0

GERICK: Heilige Schwerkraft! Warum ist es hier so dunkel? Ich kann überhaupt nichts sehen. Hallo? Hört mich jemand? Hallo? Wenn ich allein bin, kann ich mich selbst nicht leiden. Hallo?

ERZÄHLER: Hallo.

GERICK: Hallo!

ERZÄHLER: Hallo!

GERICK: Wo bin ich?

ERZÄHLER: Zu Hause.

GERICK: Zu Hause? Heilige Schwerkraft! Dann bin ich also nicht tot?

ERZÄHLER: Nein.

GERICK: Ich lebe?

ERZÄHLER: Sozusagen.

GERICK: Sozusagen? Was soll das heißen?

ERZÄHLER: Ungefähr.

GERICK: Sehr witzig! Also, lebe ich nun, oder bin ich schon tot?

ERZÄHLER: Weder noch.

GERICK: Weder noch?

ERZÄHLER: Ja, weder noch.

GERICK: Ist hier irgendwo ein Echo?

ERZÄHLER: Nicht, dass ich wüsste.

GERICK: Warum wiederholst du dann alles? Oder bist du so eine dämliche Blechbüchse?

ERZÄHLER: Eine was?!

GERICK: Etwas, das so schlau ist wie anderthalb Meter Lötzinn.

ERZÄHLER: Und was soll das sein?

GERICK: Ein Androide.

ÜBERZEIT ODER CHAT 2.0

ERZÄHLER: Ich glaube nicht, dass ich ein Androide bin.

GERICK: Na, siehst du, es geht doch. Wir führen ein Gespräch. Also, bin ich nun wach, oder träume ich?

ERZÄHLER: Du bist wach.

GERICK: Ich träume also nicht?

ERZÄHLER: Nein.

GERICK: Ich bin hellwach?

ERZÄHLER: Ja.

GERICK: Und wo bin ich?

ERZÄHLER: Bei mir zu Hause.

GERICK: Bei dir zu Hause?

ERZÄHLER: Ja, bei mir zu Hause.

GERICK: Nein, nicht schon wieder! Ich dachte, wir führen hier ein richtiges Gespräch.

ERZÄHLER: Das tun wir doch.

GERICK: Eben das tun wir nicht! Wir singen hier einen Kanon. Außerdem ist es hier stockfinster, und ich weiß nicht, wer du bist.

ERZÄHLER: Ich bin der Erzähler.

GERICK: Aha! Und warum machst du dann kein Licht an, wenn du bei dir zu Hause bist? Nein, sag's mir nicht! Ich kann's mir denken ---

ERZÄHLER: Was kannst du dir denken?

GERICK: Das alte Lied.

ERZÄHLER: Was?

GERICK: Kein Geld. Kein Strom. Kein Licht.

ERZÄHLER: Ich habe eine Kerze.

GERICK: Sieh an! Ein Romantiker! Und? Worauf wartest du noch? Los, zünd' sie an!

ERZÄHLER: Ich weiß nicht.

ÜBERZEIT ODER CHAT 2.0

GERICK: Ich-weiß-nicht ist nach Ich-weiß-nicht-wohin gezogen. Hier ist Captain Wernher van Gerick, der Feind der Finsternis und des Nichts!

ANZÜNDEN EINES STREICHHOLZES.

GERICK: Na, also, geht doch! Heilige Schwerkraft! Chice Sonnenbrille? Du bist doch nicht etwa blind?

ERZÄHLER: Nein, ich habe mich gestoßen.

GERICK: Wo?

ERZÄHLER: Hier am Schreibtisch.

GERICK: Am Schreibtisch? Am Schreibtisch verunglückt. Typisch, Schriftsteller! Lass mich raten: Alkoholmissbrauch?

ERZÄHLER: Kein Kommentar.

GERICK: Einmal im Leben so richtig betrunken zu sein, schadet nicht.

ERZÄHLER: Ich würde es trotzdem keinem empfehlen.

GERICK: Ich auch nicht, aber alle sollten wenigstens wissen, wie das ist.

ERZÄHLER: Nicht toll, kann ich dir sagen, es ist wirklich nicht toll, vor dem Papierkorb zu knien.

GERICK: Das ist wirklich nicht toll! Hast du das schon öfters gemacht?

ERZÄHLER: Schon einige Male, ja.

GERICK: Und? Wie war es?

ERZÄHLER: Darüber möchte ich nicht sprechen!

GERICK: Das kann ich verstehen. Papierkörbe sind nicht jedermanns Sache. Dafür hab' ich schon eine Nahtod-Erfahrung gemacht. Das war nach Gin, Kognak, Likör, Wodka, keine Ahnung, was noch? Bier, Cola, Rum, Sekt ---

ERZÄHLER: Ich tippe mal auf Mini-Bar ---

GERICK: Nein, Kellerbar, und die Rum-Cola war meine Fahrkarte ins Hospital ---

ERZÄHLER: Mir wäre schon von der Kombination Gin, Kognak und Likör schlecht geworden ---

GERICK: Ich konnte nicht mehr sitzen, nicht mehr stehen, nicht mehr gehen, nicht mehr denken. Ich wusste nicht mehr, wie ich heiße, und meine Muttersprache konnte ich auch nicht mehr ---

ERZÄHLER: Wirklich?

GERICK: Tatsache! Du verträgst nicht viel?

ERZÄHLER: Das will ich auch nicht.

GERICK: Besser so als andersherum.

ERZÄHLER: Du sagst es.

GERICK: Und? Sieht es schlimm aus?

ERZÄHLER: Was?

GERICK: Das Veilchen?

ERZÄHLER: Mit der Sonnenbrille ist es erträglich.

GERICK: Erträglich ist gut. Pardon! Wie geht's deinem Kopf?

ERZÄHLER: Ein Aspirin musste ich nicht nehmen.

GERICK: Keine Macht den Drogen, sag' ich immer, mit Aspirin fängt es an, und mit Koffein hört es noch lange nicht auf! Dann kommt Nikotin, dann ---

ERZÄHLER: Valentin. Ich weiß.

GERICK: Himmlische Schwerkraft! Woher kennst du den Spruch?

ERZÄHLER: Von dir.

GERICK: Ich finde, das ist nicht korrekt!

ERZÄHLER: Was meinst du?

GERICK: Das ist schwerer geistiger Diebstahl!

ERZÄHLER: Ich weiß nicht, was du meinst.

GERICK: Dass du mich beklaust. Das ist nicht korrekt, finde ich. Meine Witze gehören mir! Hast du noch nie was vom Geistestum gehört?

ERZÄHLER: Nein, noch nie.

GERICK: Dass du dich nicht mit fremden Federn schmücken darfst? Davon hast du nichts gehört? Das kann ich nicht glauben!

ERZÄHLER: Ich bin der Erzähler.

GERICK: Na und?

ERZÄHLER: Ich darf das.

GERICK: Wer sagt das?

ERZÄHLER: Ich.

TIPPEN AUF DER COMPUTERTASTATUR.
MUSIKALISCHES MOTIV „PRELUDE".

GINA: Der Nutzer Andi betritt das Forum.

ANDROIDE: Hey!

LO: Hey!

ANDROIDE: Wie geht es dir?

LO: Gut. Und dir?

ANDROIDE: Mir doch immer, ja.

LO: Ja?

ANDROIDE: Ja.

LO: Was ja?

ANDROIDE: Du hast mich etwas gefragt, und ich sagte ja.

LO: Bist du ein Automat?

ANDROIDE: Nein.

LO: Ehrlich nicht?

ANDROIDE: Nein.

LO: Ich dachte schon.

ANDROIDE: Wieso?

LO: Ich weiß nicht, nur so.

ANDROIDE: Ach so, und ich dachte schon ---

LO: Was?

ANDROIDE: Ach, egal!

LO: Nun, sag' schon!

ANDROIDE: Ich dachte schon, na ja, du weißt schon.

LO: Was?

ANDROIDE: Was wohl?

LO: Ich weiß nicht, was du meinst.

ANDROIDE: Na, super!

LO: Nein, nicht super!

ANDROIDE: Das sehe ich auch so.

LO: Lustig.

ANDROIDE: Was ist daran lustig?

LO: Tut mir leid. Ich muss jetzt Schluss machen, okay?

ANDROIDE: Okay.

TIPPEN AUF DER COMPUTERTASTATUR.

ERZÄHLER: Hallo? Wer ist da?

GERICK: Hallo, ich bin's. Ich bin so froh, deine Stimme zu hören.

ERZÄHLER: Wie bitte?

GERICK: Ich habe solche Angst.

ERZÄHLER: Wieso das denn?

GERICK: Ich weiß nicht, was hier vor sich geht. Weißt du es?

ERZÄHLER: Was meinst du?

GERICK: Ich weiß nicht mehr, wer ich bin. Verstehst du das?

ERZÄHLER: Wie meinst du das, du weißt nicht mehr wer du bist?

GERICK: Himmlische Schwerkraft! So, wie ich es sage! Ich vergesse alles.

ERZÄHLER: Ich glaube, ich verstehe, was du meinst. Wie oft habe ich hier alles auf den Kopf gestellt, nur weil ich den Wohnungsschlüssel verlegt habe. Das geht mir genauso. Das ist normal.

KOHL VERLAG KLEINE STÜCKE Das Erzählcafé ▪ Bestell-Nr. 12 363

ÜBERZEIT ODER CHAT 2.0

GERICK: Nein, ich meine, ich kann mich an nichts mehr erinnern.

ERZÄHLER: Das sage ich doch.

GERICK: Du verstehst mich nicht. Gestern abend war alles noch da, - wie ich heiße, was ich mache, woher ich komme, - alles war noch da. Heute morgen wache ich auf, und alles ist weg, alles, was ich von mir gewusst habe, ist plötzlich weg, als wäre es über Nacht gelöscht worden. Ich glaube, ich habe mein Gedächtnis verloren.

ERZÄHLER: Das ist der Schock. Du hast einen schweren Unfall gehabt und bist noch etwas durcheinander, doch das gibt sich wieder. Du wirst sehen.

GERICK: Meinst du?

ERZÄHLER: Ganz sicher. Mit der Zeit wird alles zurückkommen. Warte nur ab.

GERICK: Ich weiß nur noch, mir hat geträumt, ich wäre tot.

ERZÄHLER: Sag' nicht so was!

GERICK: Bin ich verrückt? Was denkst du?

ERZÄHLER: Du hast ein Problem. Das steht fest.

GERICK: Das versuche ich dir schon die ganze Zeit zu erklären.

ERZÄHLER: Du hast geschlafen?

GERICK: Ja.

ERZÄHLER: Wie lange?

GERICK: Ich weiß nicht, - fünf, sechs Stunden, schätze ich.

ERZÄHLER: Das ist es! Du musst wach bleiben.

GERICK: Wie stellst du dir das vor?

ERZÄHLER: Du darfst nicht einschlafen. Sobald du eingeschlafen bist, geschieht es. Dein Gedächtnis vergeht, während du schläfst, und du kannst dich nur noch an den Augenblick erinnern, an dem du aufgewacht bist.

GERICK: Wie soll das gehen, nicht mehr zu schlafen? Das ist doch menschen-unmöglich.

ERZÄHLER: Anders geht es nicht. Tut mir leid.

GERICK: Und du weißt nicht, warum es geschieht?

ERZÄHLER: Nein.

GERICK: Wieso nicht?

ERZÄHLER: Daran arbeite ich noch.

GERICK: Das verstehe ich nicht. Du bist doch der Erzähler!

ERZÄHLER: Na und? Ich bin nicht der liebe Gott.

GERICK: Ja, leider nicht. Wo bist du jetzt?

ERZÄHLER: Zu Hause.

GERICK: Wo ist das?

ERZÄHLER: Bei mir.

GERICK: Bei dir?

ERZÄHLER: Wo denn sonst?

GERICK: Weißt du, wie du dorthin gekommen bist?

ERZÄHLER: Was denkst du?

GERICK: Ich weiß nicht.

ERZÄHLER: Selbstverständlich weiß ich das noch. Versuchst du, mich auf den Arm zu nehmen, Captain van Gerick?

GERICK: Nein, ich meine es ernst. Ich weiß nicht, wo ich bin. Erst habe ich gedacht, ich wäre bei dir, doch ich kann dich nicht sehen. Ich weiß nicht, wo du bist.

ERZÄHLER: Ich kann dich aber sehen.

GERICK: Heilige Schwerkraft! Mach' dich nicht noch lustig über mich! Sag' mir lieber, wo du dich versteckt hast.

ERZÄHLER: Warte!

ANZÜNDEN EINES STREICHHOLZES.

GERICK: Himmlische Schwerkraft! Hast du mich erschreckt! Was machst du unter dem Schreibtisch? Und wieso hast du eine Sonnenbrille auf? Dort unten scheint doch keine Sonne. Hast du was mit den Augen?

ERZÄHLER: Nein.

ÜBERZEIT ODER CHAT 2.0

GERICK: Du bist lichtscheu, stimmt's?

ERZÄHLER: Nein.

GERICK: Wirklich nicht?

ERZÄHLER: Ich möchte nicht darüber sprechen.

GERICK: Manchen Leuten ist es peinlich, dass ihnen ein Auge fehlt oder eine Hand. Sie haben einen Komplex, obwohl sie nichts dafür können. Darum heißt es auch Komplex, weil es so kompliziert ist.

ERZÄHLER: Ich habe keinen Komplex.

GERICK: Bist du sicher? Kein normaler Mensch trägt unter dem Schreibtisch eine Sonnenbrille, wo sowieso nie die Sonne hinscheint.

ERZÄHLER: Was soll das heißen?

GERICK: Was wohl?

ERZÄHLER: Ich bin nicht verrückt.

GERICK: Das behaupten sie alle.

ERZÄHLER: Ich bin nicht sie!

GERICK: Wer weiß?

ERZÄHLER: Jetzt reicht's aber! Was glaubst du, wer du bist! Sigmund Freud?! Du bist Captain Wernher van Gerick, ein Raketenfuzzy aus einem Weltraumabenteuer, mehr nicht! Ein Raketenfuzzy! Und kein Psychiater! Merk dir das! Ein Raketenfuzzy! Vergiss das nicht! Hörst du?!

GERICK: Himmlische Schwerkraft! Ist ja gut. Ich hab's verstanden.

ERZÄHLER: Hoffentlich.

GERICK: Ich wollte dich nicht beleidigen.

ERZÄHLER: Das weiß ich doch.

GERICK: Ich verstehe bloß nicht, was hier vor sich geht.

ERZÄHLER: Ich weiß es auch nicht.

GERICK: Wie kann es nur sein, dass ich nicht mehr weiß, wer ich bin? Weißt du das?

ERZÄHLER: Nein.

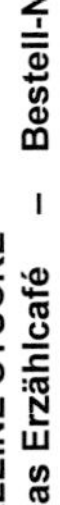

GERICK: Was soll ich nur machen?

ERZÄHLER: Daran arbeite ich noch.

TIPPEN AUF DER COMPUTERTASTATUR.
MUSIKALISCHES MOTIV „PRELUDE".

GINA: Der Nutzer Kuba hat das Forum betreten.

PLIG: Hey, wie geht's dir?

KUBA: Oh! Gut.

PLIG: Schön für dich. Wie war die Woche?

KUBA: Anstrengend.

PLIG: Was hast du so gemacht?

KUBA: Ich war die ganze Zeit beschäftigt.

PLIG: Womit? Wieder mit kleinen grünen Strichmännchen? Ha! Ha! Ha!

KUBA: Quatsch! Nein. Es hat nichts mit Comics zu tun. Das Zeichnen habe ich aufgegeben. Erzähl's bitte nicht weiter, okay?

PLIG: Geht klar. Und? Wieso?

KUBA: Es ist einfach hoffnungslos. Talent spielt in der Branche keine Rolle. Es kommt allein darauf an, wen du kennst.

PLIG: Ich dachte immer, Talent setzt sich durch.

KUBA: Quatsch! Talent spielt überhaupt keine Rolle. Talent entdeckt sich selbst und verhungert.

PLIG: Ja, so spielt das Leben.

KUBA: Ja.

PLIG: Ja.

KUBA: Oder so.

PLIG: Oder so.

KUBA: Geht's dir gut?

PLIG: Ja, wieso?

KUBA: Ich frag' nur.

PLIG: Ach so, und geht's dir gut?

KUBA: Ja, ganz gut. Wie geht's dir?

PLIG: Gut.

KUBA: Dann ist ja gut.

PLIG: Auf jeden Fall. Und? Was hast du gemacht? Was war das für ein Job?

KUBA: Nichts Besonderes. Regie.

PLIG: Regie?

KUBA: Ich habe die Regie bei einem Hörspiel gemacht.

PLIG: Klasse! Wie heißt es?

KUBA: Unfall im Weltall.

PLIG: Unfall hört sich interessant an. Du hast doch noch nie Regie gemacht.

KUBA: Nein, noch nie. Ich versuch's jetzt aber mal.

PLIG: Das ist doch klasse. Und das macht bestimmt viel Spaß, oder?

KUBA: Der Spaß hält sich in Grenzen.

PLIG: Kommt das Hörspiel im Radio?

KUBA: Ich glaube nicht. Du kannst es dir aber im Internet anhören.

PLIG: Kriege ich auch ein Autogramm für meine Schwester?

KUBA: Du hast doch gar keine Schwester!

PLIG: Das war nur Spaß.

KUBA: Was du nicht sagst. Warte, geh' mal auf ---

PLIG: Ja?

KUBA: Selbstwerk. Dot. Com.

PLIG: Wie?

KOHL VERLAG KLEINE STÜCKE Das Erzählcafé – Bestell-Nr. 12 363

KUBA: Selbstwerk. Dot. Com.

PLIG: Selbstwerk?

KUBA: Ja. Selbstwerk. Dot. Com. Die Adresse behältst du aber für dich!

PLIG: Wieso?

KUBA: Lo will sonst ein Autogramm.

PLIG: Lolo-löschtisch. Ha! Ha! Ha! Selbstwerk. Dot. Com?

PLIG: Richtig.

KUBA: Was ist das? Ein Sehtest? Ich habe keine Lust, mir das alles durchzulesen.

KUBA: Das musst du nicht. Klick einfach auf den Kopfhörer und hör's dir an.

PLIG: Nein, ich lese schon. Ha! Ha! Ha!

KUBA: Tu mir das nicht an! Bitte nicht!

PLIG: Warum nicht? Moment. Ich hole mir noch was zum Trinken. Willst du auch was? Ha! Ha! Ha!

KUBA: Ts.

PLIG: Bis gleich.

KUBA: Nein, tu's nicht! Gott verdamm' mich! Okay, dann hör's dir halt an, aber sag' hinterher bloß nicht, ich hätte dich nicht gewarnt; der Wahnsinn hat nämlich Methode!

MUSIKALISCHES MOTIV „STÖRUNG".

GINA: Es ist ein Fehler aufgetreten. Folgende Nachricht konnte nicht übermittelt werden:

KUBA: Okay, dann hör's dir halt an, aber sag' hinterher bloß nicht, ich hätte dich nicht gewarnt; der Wahnsinn hat nämlich Methode!

TIPPEN AUF DER COMPUTERTASTATUR.

ERZÄHLER: Es war einfach so geschehen und alle wussten, es könnte wieder so geschehen und zwar jederzeit, doch dass es einfach so geschehen war, hatte sich niemand vorstellen können, doch genauso verhielt es sich. Etwas hatte sich ereignet, das keiner so richtig verstand. Etwas war entschieden und unwiederbringlich vorbei, was auch ganz anders hätte kommen können.

MUSIKALISCHES MOTIV „REVERS".

TAMARA: Als ich von der Versorgungsmission zurückkehrte, sah Captain van Gericks Frau mich nur an und sagte nichts. Ich wusste, sie wollte den Grund erfahren; sie konnte nicht hinnehmen, dass es einfach so geschehen war, ohne Grund, doch das einzige, was hier als Grund gelten könnte, wäre das Schicksal, doch sie wusste so gut wie ich, ohne Götter gab es kein Schicksal mehr, also sagte sie nichts und blickte mich nur stumm an.

MUSIKALISCHES MOTIV „REVERS".

TAMARA: Es tut mir leid, Simone, aber so ist die Zukunft; sie behält alles für sich.

MUSIKALISCHES MOTIV „REVERS".

ERZÄHLER: Die Raumstation tauchte schon in den Schatten des blauen Planeten ein, als Captain Wernher van Gerick dem Androiden Q Zwo Null Sechzehn das Zeichen zur Rückkehr gab. Sein Sauerstoff würde bald aufgebraucht sein und eine Reparatur der Funkantenne nicht möglich in der knappen Zeit. Van Gerick griff nach dem Hebel der Einstiegsluke. Die Luke rührte sich nicht. Er versuchte es noch einmal. Vergeblich. Die Luke blieb verriegelt. Der Androide schwebte zur Notluke und versuchte es dort. Auch diese Luke ließ sich nicht öffnen.

MUSIKALISCHES MOTIV „REVERS".

GERICK: Ich schätze, wir müssen den Schlüsseldienst holen, Blechbüchse. Wo ist die nächste Telefonzelle?

ANDROIDE: Auf Merrit Island.

GERICK: Wie weit ist das?

ANDROIDE: 35804,5 Kilometer.

GERICK: Meinst du nicht auch, du gehst jetzt ein bisschen zu weit?

ANDROIDE: Wieso?

GERICK: Vergiss es! Komma Fünf, sagst du, nicht Sechs?

ANDROIDE: Komma Fünf-Eins-Drei, um genau zu sein.

GERICK: Dann wollen wir uns mal auf die Socken machen, Blechbüchse. Ich hoffe, du hast Kleingeld mit.

MUSIKALISCHES MOTIV „REVERS".

ERZÄHLER: Um fünf Uhr einunddreißig Sternzeit zündeten die Triebwerke. Der Kabelmast schwenkte zurück, und ein Höllenfeuer schleuderte die Raumfähre zum Himmel empor. In wenigen Sekunden würde sie mit bloßem Auge nicht mehr zu erkennen sein.

MUSIKALISCHES MOTIV „REVERS".

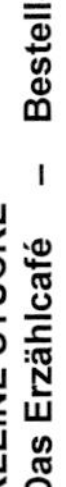

TAMARA: Die Fliehkraft presste mich in den Sitz, während ich die Instrumente ablas. Alle Bordgeräte arbeiteten normal. Die Startstufe trennte sich von der Fähre und kehrte zur Erde zurück. Ich sah den Mond aufgehen und spürte mein Gewicht nicht mehr. In Kürze würde die Fähre automatisch auf die Umlaufbahn der Raumstation einschwenken. Der Rest war Routine. Das Kopplungsmanöver würde ich wieder selbst steuern. Ich meldete mich über Funk. Auf der Raumstation antwortete niemand. Ich versuchte es auf einer anderen Frequenz. Wieder blieb der Bordlautsprecher stumm. Was war auf der Raumstation los? Warum reagierte Captain van Gerick nicht? Ich dockte das Raumschiff an und zwängte mich in den Druckanzug, dann öffnete ich die Luke und kroch durch den Tunnel zur Raumstation hinüber. Der Leitstand lag völlig im Dunkeln. Ich schaltete das Licht ein. Die plötzliche Helligkeit ließ alle Dinge wie vor Schreck erstarren. Die Instrumente zeigten keine außergewöhnlichen Werte an: Druck, Luftfeuchtigkeit, Sauerstoff, Temperatur, alles war normal. Ich konnte den Druckhelm also abnehmen. Ich kletterte in die Raumfähre zurück und funkte meinen Bericht an die Bodenkontrollstation.

FUNKRAUSCHEN.

FUNKER: Irgendeine Spur von Captain van Gerick?

TAMARA: Sein Druckanzug fehlt.

MUSIKALISCHES MOTIV „REVERS".

ERZÄHLER: Und wenn alles nicht wirklich wäre? Wenn sich das alles jemand ausgedacht hätte? Wenn es ihn gar nicht gäbe und die Raumstation nicht? Wenn alles nur eine Täuschung wäre? War die Hand, die nach dem Hebel griff, war das wirklich seine Hand? Woher wusste er das? Warum sollte die Hand nicht dem Androiden gehören? Doch was wäre, wenn es den Androiden auch nicht gäbe? Dann wäre er hier draußen im Weltraum das einzige intelligente Wesen. Doch was tat er hier? Wie war er überhaupt hierher gekommen? Vielleicht war er hier geboren, was ziemlich unwahrscheinlich, doch nicht ganz ausgeschlossen war, denn eigentlich wusste er so gut wie nichts über seine Geburt. Das war ihm schon immer merkwürdig vorgekommen. Was wusste er überhaupt von sich? Hatte er tatsächlich Augen, Ohren, Hände? Er hieß Captain Wernher van Gerick. Damit hatte er noch nichts über sich gesagt, dass er ein Astronaut war und mit einer Rakete zu den Sternen fliegen konnte, doch darauf kam es gar nicht an. Wäre er nicht dieser Captain Wernher van Gerick, sondern der Androide Modell Q Zwo Null Sechzehn, dann würde er als Androide nicht von sich selbst als einem Ding sprechen können, das einem intelligenten Wesen namens Captain Wernher van Gerick dabei hilft, eine verklemmte Luke zu öffnen, nein, als Androide würde er ganz anders von sich sprechen müssen, nicht als Androide und Erster Custos auf der Raumstation, nein, bestimmt nicht auf diese Weise, sondern ganz anders, doch wie? Vielleicht auf die Weise, wie das Schild in Buchstaben oder Zahlen ständig von einem Weg spricht, den es selbst nie gehen wird? Der Gedanke ließ van Gerick lächeln. Im Grunde war das absurd, genauso absurd wie sich 35804,513 Kilometer über der Erde selbst ausgesperrt zu haben. Van Gerick hob die Hand zum Gruß und winkte zum letzten Mal der Welt zu, seiner Welt, während der Androide Q Zwo Null Sechzehn schon nach Merrit Island unterwegs war.

MUSIKALISCHES MOTIV „REVERS".

FROTTAGE

Personen:

Inez, Malerin
Anton, Kunstdieb

Ort der Handlung:

Doppelzimmer im Hotel garni

Kurzinhalt:

Auf einer Winterreise trennen sich die Malerin Inez und der Kunstdieb Anton, nachdem sich herausgestellt hat, dass nicht jeder gestohlene Max Ernst echt und nicht jedes Museum reif für eine Kunstguerilla-Aktion ist.

Spieldauer:

15-20 Minuten

IN DER NACHT HAT ES ZU SCHNEIEN BEGONNEN. LAUTLOS SCHLEICHT SICH DER LICHTKEGEL EINES AUTOS INS ZIMMER UND SPIELT MIT DEN VORHÄNGEN, DIE HALB GESCHLOSSEN SIND. INEZ, DIE MALERIN, UND ANTON, DER DIEB, LIEGEN NOCH WACH. EIN SCHMALER FLUSS AUS FEINER SEIDE TRENNT BEIDE. INEZ GREIFT NACH DEM MOBILTELEFON UND RUFT DIE SPRACHBOX AUF. EINE ELEKTRONISCHE STIMME MELDET: KEINE NEUE NACHRICHTEN. INEZ LEGT DAS TELEFON ZURÜCK AUF DEN NACHTTISCH, AUF DEM ZWEI GLÄSER UND EINE ANGEBROCHENE FLASCHE WEIN STEHEN.

FROTTAGE

ANTON: Na, du?

INEZ: Was?

ANTON: Wie was?

INEZ: Du machst das absichtlich?

ANTON: Ich weiß nicht, was du meinst.

INEZ: Du wolltest doch vorhin was sagen.

ANTON: Nein.

INEZ: Nicht?

ANTON: Ehrlich nicht.

INEZ: Bestimmt ist es wieder eine Gemeinheit gewesen.

ANTON: Ich verstehe nicht.

INEZ: Du kannst es ruhig zugeben.

ANTON: Ich habe doch gar nichts gesagt.

INEZ: Eben. Du hast dir die Gemeinheit aufgespart.

ANTON: Seit wann kannst du hellsehen?

INEZ: Siehst du, wie du bist?

ANTON: Wie bin ich denn?

INEZ: Nicht komisch.

ANTON: Sehr witzig!

INEZ: Darf ich dich was fragen?

ANTON: Wenn das die Frage ist, kann ich schlecht nein sagen.

INEZ: Wieso schlecht? Du kannst gut nein sagen. Du sagst es sogar sehr gut.

ANTON: Du weißt, wie es gemeint ist.

INEZ: Trotzdem würde ich gerne von dir hören, wie du ja sagst.

<u>ANTON</u>: Nein!

<u>INEZ</u>: Ich wusste es!

<u>ANTON</u>: Was wusstest du?

<u>INEZ</u>: Dass du nein sagst.

<u>ANTON</u>: Also kannst du doch hellsehen?

<u>INEZ</u>: Ich weiß bloß, dass du mir vorhin eine Gemeinheit an den Kopf werfen wolltest.

<u>ANTON</u>: Das kannst du nicht beweisen.

<u>INEZ</u>: Und wenn doch?

<u>ANTON</u>: Dann nicht ohne fremde Hilfe!

<u>INEZ</u>: Fiesling!

<u>ANTON</u>: Vielen Dank.

<u>INEZ</u>: Gern geschehen.

ANTON, DER DIEB, SIEHT ZUM FENSTER, WO SICH DER MORGEN HINTER EINEM DUNKLEN SCHLEICHER VERBORGEN HÄLT.

<u>ANTON</u>: Hast du schon bemerkt? Es schneit! Kein Gemälde kommt gegen so ein Naturschauspiel an!

<u>INEZ</u>: Ich würde es Grau in Grau malen.

<u>ANTON</u>: Du kannst den Zufall nicht Grau in Grau malen.

<u>INEZ</u>: Max Ernst hat ihn so gemalt.

<u>ANTON</u>: Max Ernst hat den Zufall abgepaust und nicht Grau in Grau gemalt.

<u>INEZ</u>: Immerhin hat er den Zufall für die Kunst entdeckt.

<u>ANTON</u>: Seit wann ist Kunst ein Kinderspiel?

<u>INEZ</u>: Das sagt der Max-Ernst-Experte?

<u>ANTON</u>: Ja.

<u>INEZ</u>: Wo ist dein Max Ernst jetzt?

FROTTAGE

ANTON: Dreimal darfst du raten.

INEZ: Bist du verrückt?

ANTON: Sie suchen nicht mehr nach ihm.

INEZ: Wieso?

ANTON: Keine Ahnung. Sie werden ihre Gründe haben. Ich überlege, ob ich ihn nicht zurückgebe.

INEZ: Keine schlechte Idee.

ANTON: Ich werde deine Hilfe brauchen.

INEZ: Das ist keine gute Idee.

ANTON: Wieso nicht?

INEZ: Im Museum kennen mich alle.

ANTON: Das ist doch gut!

INEZ: Das denkst du.

ANTON: Ach was! Das klappt schon.

INEZ: Ich glaube, du stellst dir das zu einfach vor.

ANTON: Das klappt bestimmt, glaub' mir.

INEZ: Ich kann dir trotzdem nicht helfen.

ANTON: Und wieso nicht?

INEZ: Ich möchte nicht darüber sprechen.

ANTON: Wieso nicht?

INEZ: Es ist mir peinlich.

ANTON: Ich verstehe nicht.

INEZ: Wenn du es genau wissen willst: Ich kann mich dort nicht mehr blicken lassen!

ANTON: Warum?

INEZ: Darum.

FROTTAGE

ANTON: Sei nicht albern!

INEZ: Albern? Du hast vielleicht Vorstellungen!

ANTON: Nun gib es schon zu. Du hast den Direktor beleidigt.

INEZ: Das kann dir doch gleich sein.

ANTON: Mir ist es aber nicht gleich.

INEZ: Trotzdem geht es dich nichts an! Außerdem haben wir uns damals noch nicht gekannt.

ANTON: Was soll das heißen?

INEZ: Ich will nicht darüber sprechen!

ANTON: Ich weiß nicht, warum du dich so aufregst.

INEZ: Ich rege mich nicht auf!

ANTON: Ich höre es doch an deiner Stimme.

INEZ: Meine Stimme ist ganz normal.

ANTON: Nein, eben nicht.

INEZ: Dann brauchst du dringend ein Hörgerät. Schon vergessen? Du bist nicht mehr der Jüngste.

ANTON: Das nehme ich jetzt persönlich.

ANTON, DER DIEB, SCHAUT DEM KARUSSEL DER SCHNEEFLOCKEN ZU, DAS SICH MAL LANGSAMER, MAL SCHNELLER DREHT, WÄHREND INEZ, DIE MALERIN, SICH ÜBER DEN SEIDENEN FLUSS GEBEUGT HAT UND EINE PANTOMIME AUFFÜHRT. IHRE RECHTE HAND UMFLATTERT ANTON WIE EIN SCHMETTERLING, FLIEGT MAL HIERHIN, MAL DORTHIN, DANN LÄSST SICH IHRE HAND ERSCHÖPFT AUF ANTONS SCHULTER NIEDER.

INEZ: Frieden?

ANTON: Frieden.

INEZ, DIE MALERIN, KÜSST ANTON, DEN DIEB.

INEZ: Weißt du noch, wie wir uns das erste Mal begegnet sind? Wir haben uns gleich aneinander vorbei verstanden.

ANTON: Ja, das haben wir, weiß Gott! Du hast damals deinen dreißigsten Geburtstag ganz groß gefeiert ---

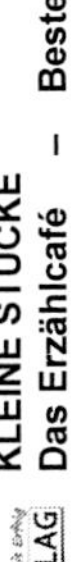

INEZ: Und du hast mir was ganz Verrücktes geschenkt ---

ANTON: Ich habe dir ein Buch geschenkt.

INEZ: Wirklich?

ANTON: Ja.

INEZ: Das habe ich vergessen. Wie aufmerksam von dir.

ANTON: Du hast gesagt: Das Buch habe ich schon, aber mach' dir mal keine Sorgen. Das ist nicht das erste, das ich umtausche.

INEZ: Ich kann mich nicht erinnern.

ANTON: Ein Dankeschön hätte mir genügt.

INEZ: Danke schön!

ANTON: Bitte schön!

INEZ: Kopf hoch! Wir wollten uns immer so nehmen, wie wir sind.

ANTON: Das war die Bedingung, ja.

INEZ: Keine Kompromisse.

ANTON: Ohne Wenn und Aber, ja. Jeder sollte so bleiben, wie er ist, aber wer bleibt schon so, wie er ist?

INEZ: Endlich fängst du an zu verstehen. Ich wollte die Hoffnung schon aufgeben. Schließlich bist du nicht mehr der Jüngste.

ANTON: Du wiederholst dich, aber ich habe wirklich das Gefühl, mich allmählich in meinen alten Herrn zu verwandeln. Das ist mein Ernst. Ich stehe morgens auf und rasiere meinen Vater im Spiegel.

INEZ: Tragisch.

ANTON: Wieso tragisch?

INEZ: Du konntest deinem Vater doch nie was recht machen; an deiner Stelle würde ich mir einen Bart wachsen lassen.

ANTON: Einen Bart? Ich weiß nicht.

INEZ: Mit einem Bart wie der Märchenkönig würdest du mir auch gefallen.

FROTTAGE

ANTON: Der Märchenkönig war schwul.

INEZ: Was spielt das für eine Rolle?

ANTON: Für dich vielleicht keine, für mich schon.

INEZ: Weißt du, was sich die Leute über dich erzählt haben? Du wärst vom anderen Ufer. Damals kannten wir uns noch nicht.

ANTON: Vielleicht wollten die Leute nicht, dass wir uns kennenlernen.

INEZ: Wieso?

ANTON: Wieso? Bosheit? Missgunst? Eifersucht? Such' dir was aus! So sind die Leute. Wieso weißt du das nicht?

INEZ: Du magst Schwule nicht?

ANTON: Schwule nicht und Friseure nicht.

INEZ: Friseure überhaupt oder nur schwule Friseure?

ANTON: Das ist jetzt reine Haarspalterei.

INEZ: Wieso kannst du schwule Friseure nicht ausstehen?

ANTON: Weil sie so viel besser aussehen. Ich meine das wirklich ernst.

INEZ: Du beneidest sie? Es gibt so viele hässliche Leute, die können froh sein, ohne einen Schönheitschirurgen auf die Straße gehen zu dürfen.

ANTON: Danke! Ich weiß, wie ich aussehe, aber noch gehört mein Gesicht mir ganz alleine.

INEZ: Du magst lieber Frauen?

ANTON: Frauen sind was Besonderes.

INEZ: Und was ist mit den Frauen, die dich nicht mögen?

ANTON: Wenn du deine Mutter meinst, bei ihr frage ich mich, ob ich was falsch verstanden habe.

INEZ: Du fragst dich tatsächlich, ob es an dir liegt?

ANTON: Ich versuche nur, fair zu sein, aber manchmal reißt mir der Geduldsfaden. Das gebe ich zu.

INEZ: Wenn sie sagt, du würdest dem lieben Gott den Tag stehlen?

ANTON: Ich bin mir nicht sicher, ob deine Mutter den Unterschied zwischen dem lieben Gott und sich noch weiß.

INEZ: Was ist denn der Unterschied?

ANTON: Der liebe Gott hält sich nicht für deine Mutter.

INEZ: Hah! Sehr witzig!

INEZ, DIE MALERIN, LACHT, UND IHRE HELLE STIMME ERINNERT ANTON, DEN DIEB, AN DEN MÄDCHENENGEL, DER INEZ VOR IHRER MENSCHWERDUNG GEWESEN SEIN MUSS.

INEZ: Und? Was haben die Leute über mich erzählt?

ANTON: Ich weiß nicht. Ich habe es vergessen.

INEZ: Wann?

ANTON: Du kannst vielleicht fragen! Das weiß ich doch nicht mehr.

INEZ: Anton! Du bist so ein gotterbärmlich schlechter Lügner!

ANTON: Ich habe es wirklich vergessen!

INEZ: Du lügst!

ANTON: Ich lüge nicht!

INEZ: Doch, das tust du. Ich kann es sehen.

ANTON: Ach, Unsinn!

INEZ: Dann hör' auf!

ANTON: Womit?

INEZ: Mit Kratzen. Das Kratzen bedeutet, du bist unsicher.

ANTON: Oh, du liebe Güte! Was wird das jetzt?

INEZ: Das ist Körpersprache, mein Lieber. Ich weiß genau, wann du lügst.

ANTON: Ich habe nicht gelogen!

INEZ: Nicht? Dann hör' endlich auf damit. Das Kratzen macht mich wahnsinnig!

ANTON: Bist du sicher, du willst es wirklich wissen? Nicht jede Lüge ist ein Witz.

FROTTAGE

INEZ: Du musst es wissen.

ANTON: Mannstoll.

INEZ: Wie?

ANTON: Mannstoll. Mannstolle Hexe.

INEZ: Wer hat das gesagt?

ANTON: Viele.

INEZ: Wie? Viele?

ANTON: Sehr viele.

INEZ: Du lügst!

INEZ, DIE MALERIN, STARRT IN DEN FLUSS AUS FEINER SEIDE. WIE EINE GRAUE WOLKE VERHÜLLT DAS HAAR IHREN KOPF UND FLIESST IN GROSSEN LOCKEN ÜBER IHRE SCHULTERN.

INEZ: Wieso hast du ihnen nicht geglaubt?

ANTON: Dreimal darfst du raten! Als ich das erste Mal deine Selbstportraits gesehen habe ---

INEZ, DIE MALERIN, WISCHT SICH EIN UNSICHTBARES STAUBKORN AUS DEM AUGE.

INEZ: Du warst ganz hingerissen. Ich erinnere mich.

ANTON: Im Gegenteil. Deine Bilder haben mich kein bisschen bezaubert.

INEZ: Nicht? Das hätte ich doch gemerkt.

ANTON: Ich habe gesagt ---

INEZ: Wieso weiß ich das nicht mehr?

ANTON: Ich habe gesagt: Wenn du dich unbedingt selber malen musst, dann solltest du dir erst mal was überziehen. Nichts anzuhaben und sich selbst zu malen, das kapiert doch heutzutage keiner mehr. Wenn du von dir unbedingt was zeigen willst, das noch keiner gesehen hat, dann musst du Pinsel und Farbe schon verschlucken.

INEZ: Schonung! So hieß das Buch!

ANTON: Du erinnerst dich?

INEZ: Als wär's heute.

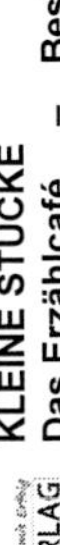

ANTON: Und? Hast du es gelesen?

INEZ: Selbstverständlich nicht. Ich lese nie, was andere mir schenken. Wenn mir das Buch nicht gefällt, würde ich die Leute ja enttäuschen, und das möchte ich nicht.

ANTON: Wie rücksichtsvoll!

INEZ: Daran denken viele nicht beim Schenken. Ich finde, das Schlimmste, was du anderen antun kannst, ist ihnen die Freude zu nehmen.

ANTON: Hast du die andere Ausgabe auch umgetauscht?

INEZ: Nein, wieso sollte ich?

ANTON: Ja, blöde Frage! Wieso solltest du?

INEZ: Reingelegt!

INEZ, DIE MALERIN, LACHT.

ANTON: Was ist daran komisch?

INEZ: Alles! Los! Mach' die Augen zu!

ANTON: Wieso?

INEZ: Mir ist kalt. Ich will mir was überziehen. Nun, mach' schon! Sei ein Kavalier!

UMSTÄNDLICH STREIFT SICH INEZ, DIE MALERIN, IHRE BLUSE ÜBER. DABEI STÖSST SIE GEGEN DIE LEEREN WEINGLÄSER. UNERBITTLICH UND UNWIDERRUFLICH ERTÖNT DEREN KLANG.

INEZ: Du kannst die Augen wieder aufmachen.

ANTON: Du hast deine Bluse verkehrt herum an.

INEZ: Mist! Wieso?

ANTON: Keine Ahnung. Ich hatte die Augen zu.

INEZ: Ich auch.

ANTON: Du auch? Wieso?

INEZ: Damit du mich nicht siehst.

ANTON, DER DIEB, LACHT. NOCH EINMAL IST ER DER KLEINE GAUNER, JENER GERISSENE KLEINE GAUNER, DER SICH IN DIE TRÄUME VON INEZ, DER MALERIN, GESTOHLEN HAT.

FROTTAGE

INEZ: Ich habe dich schon lange nicht mehr so fröhlich gesehen.

ANTON: Dann mach' doch einfach die Augen zu.

INEZ, DIE MALERIN, UND ANTON, DER DIEB, LACHEN.

ANTON: Du lachst ja so komisch.

INEZ: Was?

ANTON: Hast du einen Ohrring verloren?

INEZ: Nein.

INEZ, DIE MALERIN, FASST SICH ANS OHR.

ANTON: Nein, nicht die Seite, die andere.

INEZ: Auch nicht.

ANTON: Dann habe ich mich verzählt.

INEZ: Du bist mir vielleicht einer.

ANTON: Warum müssen wir uns eigentlich immer streiten?

INEZ: Warum wohl?

ANTON: Sag' du es mir!

INEZ: Ich weiß es nicht.

ANTON: Das ist nicht dein Ernst.

INEZ: Was?

ANTON: Du weißt es nicht?

INEZ: Du weißt es auch nicht!

ANTON: Das habe ich auch nie behauptet.

INEZ: Du tust aber so.

ANTON: Mein Gott!

INEZ: Mehr fällt dir nicht dazu ein?

ANTON: Nein.

ANTON, DER DIEB, KÜSST INEZ, DIE MALERIN.

INEZ: Wieso suchen sie nicht mehr nach deinem Max Ernst?

ANTON: Er ist nicht echt.

INEZ: Du meinst gefälscht?

ANTON: Und nicht mal besonders gut.

INEZ: Wer sagt das?

ANTON: Der Direktor vom Museum.

INEZ: Du hast mit Doktor Müller-Glewe gesprochen?

ANTON: Ich sage: Warum wollen Sie das Bild nicht wiederhaben? Bis auf den Rahmen fehlt ihm ja nichts. Der Direktor sagt: Das Bild ist nicht echt, und ich rufe gleich die Polizei, wenn Sie jetzt nicht auflegen.

INEZ: Doktor Müller-Glewe hat es mit der Polizei. Ja, das kenne ich.

ANTON: Max Ernst ist mein Schicksal!

INEZ: Wieso verkaufst du ihn nicht ins Ausland, zum Beispiel nach China?

ANTON: Kannst du Chinesisch?

INEZ: Die Welt spricht Englisch.

ANTON: Ich bin zu alt für Englisch.

INEZ: Was hat die Sprache, bitte schön, mit dem Alter zu tun?

ANTON: Sehr viel! Du wüsstest das, wenn du Mutter wärst!

INEZ: Fiesling!

ANTON: Außerdem kann ich Max Ernst nicht einfach so verkaufen. Wie stellst du dir das vor? Er ist nicht echt!

INEZ: Das weiß doch niemand.

ANTON: Du vergisst Doktor Müller-Glewe. Nein, ich bringe Max Ernst zurück ins Museum.

INEZ: Wie?

ANTON: Unter deinem Mantel. Er hat genau die richtige Länge.

INEZ: Unter dem Mantel habe ich schon mal ein Gemälde ins Museum geschmuggelt.

ANTON: Lass mich raten: Von Max Ernst?

INEZ: Gibt's eine Pointe? Oder muss ich sie liefern?

ANTON: Du hast recht. Ich rede zu viel von ihm.

INEZ: Ich habe mein Selbstportrait zu den Expressionisten gehängt, und einen ganzen Tag lang haben es die Besucher im Museum betrachten können. Einen ganzen Tag lang bin ich eine Expressionistin gewesen.

ANTON: Das bist du noch.

INEZ: Dann hat Doktor Müller-Glewe die Polizei geholt, und seitdem habe ich im Museum Hausverbot wegen Kunstguerilla.

ANTON: Kunstguerilla?

INEZ: Sag' nichts! Ich weiß selbst, wie doof ich bin.

ANTON: Doofe gibt es heute nicht mehr. Dafür gibt es jetzt die Abtreibungspille.

INEZ: Das ist nicht witzig!

ANTON: Wieso nicht?

INEZ: Das weißt du ganz genau! Wieso fängst du wieder davon an?

ANTON: Das war doch nur Spaß.

INEZ: Du bist fies, so richtig fies.

ANTON: Das ist nicht wahr.

INEZ: Was ist nicht wahr?

ANTON: Egal.

INEZ: Wieso willst du das nicht verstehen? Wieso nicht? Das kann ich nun wirklich nicht verstehen.

ANTON: Lassen wir das Thema.

INEZ: Du kannst die Zeit nicht zurückdrehen. Keiner kann das.

ANTON: Ich habe gesagt, ich verzeihe dir. Und ich verzeihe dir auch, wie du dich vorhin benommen hast.

INEZ: Ich habe doch nur telefoniert.

ANTON: Willst du mich auf den Arm nehmen? Wie ein Flittchen hast du dich benommen. Du verkaufst dich so billig!

INEZ: Was ist daran billig, den Zimmerservice anzurufen?

ANTON: Du hast dir die Lippen geschminkt, bevor du ihn angerufen hast. Wenn das nicht billig ist, was ist es dann?

INEZ: Wieso bist du so? Wieso? Hast du dich das schon einmal gefragt?

ANTON: Nein, aber du wirst es mir bestimmt gleich sagen.

INEZ: Was dich nicht interessiert, das gibt es nicht.

ANTON: Und das heißt?

INEZ: Mich gibt es wirklich.

ANTON: Du meinst also, ich soll aufhören, mich für dich zu interessieren? Willst du das? Womöglich gibt es dich dann nicht mehr.

INEZ: Wieso hasst du mich so?

ANTON: Ich hasse dich doch nicht.

INEZ: Doch, das tust du.

ANTON: Sag' nicht so was.

INEZ: Wieso nur?

ANTON: Wieso hast du uns keine Chance geben wollen damals?

INEZ: Das fragst du dich wirklich?

ANTON: Ja.

INEZ: Ich habe es dir doch zu erklären versucht.

ANTON: Nein, hast du nicht.

INEZ: Doch, das habe ich, aber du hast wieder nicht zugehört. Ich habe dir gesagt: Ich will es nicht.

ANTON: Weil du nur dich selbst willst. Hast du dabei auch nur eine Sekunde lang an uns gedacht? Du bist so selbstsüchtig, so gotterbärmlich selbstsüchtig!

INEZ: Wieso verstehst du das nicht? Bei mir geht jede Pflanze ein. Wie könnte ich da für ein Kind sorgen? Ich schwöre dir, es ist niemals um dich gegangen.

ANTON: Nein, nur um dich!

INEZ: Ja, nur um mich! Bis du jetzt zufrieden?

ANTON: Ach, wieso begreifst du das nicht? Max Ernst ist schon Strafe genug! Du hast alles kaputt gemacht!

INEZ: Du glaubst wirklich, ich habe dich bestrafen wollen? Wieso unterstellst du mir so was? Wieso? Willst du, dass ich gehe? Willst du das?

ANTON: Oh, mein Gott, nicht diese Platte wieder, bitte nicht!

INEZ: Wie du meinst.

INEZ, DIE MALERIN, STEHT AUF, KLEIDET SICH RASCH AN UND GEHT ZUR TÜR.

INEZ: Ich gehe.

ANTON: Wohin?

INEZ: Ich weiß es nicht.

ANTON: Dann wirst du sehr lange unterwegs sein.

INEZ: Hast du sonst noch Ratschläge für mich?

ANTON: Du wirst dich erkälten. Es schneit nämlich.

INEZ: Ich bin Kälte gewohnt.

INEZ, DIE MALERIN, SCHLÄGT DEN KRAGEN IHRES MANTELS HOCH UND ÖFFNET DIE ZIMMERTÜR. IM FLUR BRENNT LICHT.

ANTON: Das ist nicht komisch.

INEZ: Ich weiß. Es ist, - wie hast du das gleich noch mal genannt, Anton? Billig?

ANTON: Bitte, Inez, geh' nicht! Bitte, bleib'!

INEZ: Nein, ich muss hier weg. Hier erfriere ich!

<u>ANTON</u>: Sag' nicht muss. Niemand zwingt dich.

<u>INEZ</u>: Ach, nein? Seit wann heißt du Niemand?

<u>ANTON</u>: Sei nicht albern! Schließ' die Tür! Inez! Bitte! Es zieht.

<u>INEZ</u>: Es zieht?

<u>ANTON</u>: Ja.

<u>INEZ</u>: Pardon.

INEZ, DIE MALERIN, VERLÄSST DAS HOTELZIMMER UND LÄSST DIE TÜR HINTER SICH OFFEN STEHEN.

<u>ANTON</u>: Inez!

AUS DER FERNE IST DAS KLINGELSIGNAL DES FAHRSTUHLS ZU HÖREN.

<u>ANTON</u>: Verdammt!

KAFFEE UND KRÜMEL ODER DAS ERZÄHLCAFÉ

Personen:

Linus
Maria, seine Ehefrau
Merle
Zaha, Bekannte von Merle
Judith
Judiths Vater
Ursula Panofsky
Hilde, Bekannte von Ursula
Redakteur
Rainer Redlich, Schauspieler
Bedienung (stumme Rolle)

Kurzinhalt:

Im Erzählcafé treffen sich fünf Paare. Sie gehören verschiedenen Generationen und Nationen an: Das zänkische Ehepaar Linus und Maria, die Kanadierin Merle und ihre Zufallsbekanntschaft Zaha aus dem Irak, die Künstlerin Judith, die ihren Vater um einen Kredit angeht, die Witwen Ursula und Hilde und der Schauspieler Rainer Redlich, der einem Journalisten ein Interview gibt und dessen Film „Kliffspringer" sich wie ein roter Faden durch die Gespräche im Erzählcafé zieht.

Ort der Handlung:

Gastraum eines kleinen Cafés.

Spieldauer:

35-55 Minuten

KAFFEE UND KRÜMEL ODER DAS ERZÄHLCAFÉ

IM HINTERGRUND LÄUFT MINIMAL MUSIC IN EINER ENDLOSSCHLEIFE. IN DAS TUCKERN DER AKKORDE SCHLEICHT SICH IN UNREGELMÄSSIGEN ABSTÄNDEN DAS KLAPPERN VON GESCHIRR UND DAS ZISCHEN DER GROSSKAFFEEMASCHINE, DIE AUF EINEM UNSICHTBAREN TRESEN IM BÜHNENHINTERGRUND STEHT.

IM GASTRAUM STEHEN BILLIGIMITATE VON THONET-MÖBELN. BIS AUF EINEN TISCH MIT EINER THRONÄHNLICHEN SITZBANK SIND UM JEDEN TISCH ZWEI STÜHLE GESTELLT. BIS AUF EINEN FREIEN TISCH MIT ZWEI STÜHLEN STEHEN ALLE TISCHE IN EINER REIHE UND AUF ECK. AUF DEM FREIEN TISCH LIEGT EIN GEFALTETES TISCHTUCH.

DURCH DIE KONTRASTREICHE BÜHNENBELEUCHTUNG (SPOTS) STEHT JEDES PAAR WÄHREND SEINES GESPRÄCHS IM ZENTRUM DER AUFMERKSAMKEIT. GLEICHZEITIG VERSCHWINDEN ALLE ANDEREN PAARE IM DÄMMERLICHT.

ZU BEGINN DES SPIELS HABEN ALLE GÄSTE DES CAFÉS BEREITS PLATZ GENOMMEN. SIE BLEIBEN DAS GANZE SPIEL ÜBER SITZEN. ALLEIN DIE BEDIENUNG STEHT UND MACHT STUMM IHRE BEWIRTUNGSGÄNGE.

KAFFEE UND KRÜMEL ODER DAS ERZÄHLCAFÉ

I.

LINUS UND MARIA HABEN KAFFEE UND KUCHEN BESTELLT. BEIDE TRAGEN SENIORENFREIZEITKLEIDUNG.

LINUS: Herrlich, Kaffee aus Kolumbien!

MARIA: Ich kann ihn nicht so heiß trinken. Du verbrühst dir noch Speiseröhre und Magen, Linus.

LINUS: Ich mache das mein ganzes Leben lang, und bei mir ist bis jetzt alles in Ordnung.

MARIA: Das geht langsam. Später kommt der Krebs ---

LINUS: Die Zeit habe ich nicht mehr. Für mein Leben reicht es.

MARIA: Wenn du das so sagst, dann kann ich das nicht hinnehmen. Aus Prinzip nicht!

LINUS: Was meinst du?

MARIA: Ich denke vielleicht so, aber ich rede nicht so.

LINUS: Wie heißt es doch so schön: Erlaubt ist alles, was nicht verboten ist.

MARIA: Nein, so denken darfst du, aber nicht so reden.

LINUS: Ich denke aber so.

MARIA: Du bist Rentner und kein Philosoph, Linus.

LINUS: Aber ich rede so, wie ich denke. Und Rentner ist der schwierigste Beruf auf der Welt. Für den musst du ein halbes Leben lang lernen, Maria.

MARIA: Vielleicht verletzt du jemand anders damit. Ihm wird dann bewusst, dass er nicht mehr lange zu leben hat.

LINUS: Ob die Sonne morgen aufgehen wird, das weiß auch ich nicht.

MARIA: Das soll ein Witz sein?

LINUS: Ich bin sehr witzig. Darum sind wir auch ---

MARIA: Nein, du bist sarkastisch.

BEIDE SCHWEIGEN.

LICHTWECHSEL.

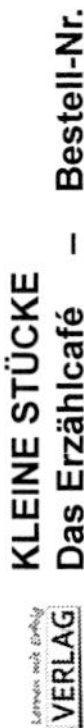

KAFFEE UND KRÜMEL ODER DAS ERZÄHLCAFÉ

II.

ZAHA UND MERLE TRINKEN MINERALWASSER. MERLE IST MODISCH GEKLEIDET UND HAT MEHRERE EINKAUFSTÜTEN DABEI, WÄHREND ZAHA KEINEN BESONDEREN WERT AUF MODE LEGT UND EINFACH GEKLEIDET IST. ZAHA WAR GERADE IN DER BIBLIOTHEK UND HAT BÜCHER AUSGELIEHEN.

ZAHA: In ein fremdes Land zu gehen, keine Freunde mehr zu haben, das ist das Ende der Welt. So habe ich am Anfang auch gedacht.

MERLE: Du bist zum Studium hier, oder willst du hier auch arbeiten?

ZAHA: Nein, nur zum Studium.

MERLE: Und danach?

ZAHA: Danach? Wenn ich mit dem Studium fertig bin, fahre ich wieder zurück. Ich kann dann etwas für mein Land tun. Es ist zwar egoistisch gegenüber den Leuten hier, aber die Leute dort brauchen mich wirklich. Sie brauchen mich mehr als die Leute hier.

MERLE: Sie brauchen dich?

ZAHA: Nicht mich. Meinen Beruf. *(ZAHA LACHT.)* Ich habe mit dem Studium aber noch nicht angefangen.

MERLE: Warum nicht?

ZAHA: Ich gehe noch zur Schule, zur Sprachschule. *(ZAHA LACHT.)*

MERLE: Sprachschule?

ZAHA: Ja. *(ZAHA LACHT.)*

MERLE: Wie lange schon?

ZAHA: Fünf Monate.

MERLE: Hast du davor schon Sprachunterricht gehabt?

ZAHA: Nein.

MERLE: Nicht?!

ZAHA: Nein.

MERLE: Du hast erst vor fünf Monaten angefangen, Deutsch zu lernen?

ZAHA: Ja.

MERLE: Du hast die Sprache vorher nicht gehört? Auch nicht bei deinen Eltern?

ZAHA: Nein.

MERLE: Und von deinen Verwandten kann auch niemand deutsch?

ZAHA: Doch, ein Onkel. *(ZAHA LACHT.)* Nicht besonders gut, aber er kann, weil er muss – er hat hier ein Geschäft.

BEIDE LACHEN.
LICHTWECHSEL.

III.

JUDITH UND IHR VATER HABEN KAFFEE UND KUCHEN BESTELLT. JUDITH TRÄGT EIN SELBSTGESCHNEIDERTES KOSTÜM UND FÜHRT EINE UNGEWÖHNLICH GROSSE HANDTASCHE MIT SICH, IN DER SIE IHR MOBILTELEFON AUFBEWAHRT. IHR VATER TRÄGT ANZUG MIT KRAWATTE.

VATER: Hast du ihn gesehen?

JUDITH: Wie konnte ich nicht? Die Sonnenbrille ist ja nicht zu übersehen. Ich wette, er hätte nicht so viel Stil, wenn er kleiner gewachsen wäre. Dann müsste er sich anders kleiden. Und bestimmt würde ihm dann die Sonnenbrille nicht stehen.

VATER: Sei nicht so gehässig, Judith. Er ist wirklich einer der besten Schauspieler.

JUDITH: Du machst Witze, Papa! Ich glaube, er hat nicht einen einzigen guten Film gemacht seit zehn Jahren! Ich habe keine schlechtere Darstellung gesehen als seinen „Kliffspringer“. Einfach grässlich!

VATER: Es gibt Phasen, in denen er nicht besonders wählerisch war mit seinen Rollen, aber jetzt spielt er wieder gut. Was er in Amerika gemacht hat, war schlecht. Da gebe ich dir recht.

JUDITH: Ich habe gehört, dass er jetzt eine Menge Geld mit Werbung verdient.

VATER: Das zählt doch nicht.

JUDITH: Was zählt schon? Die Hauptsache ist doch, es zahlt sich aus, denn mit der Zeit zählt gar nichts, rein gar nichts. Ich war mal in einer Videothek, wo sie die Filme nach Genres sortiert hatten, Action, Horror, Komödie, Science-fiction und so weiter, - und ganz hinten, wo in den anderen Videotheken sonst der Schmuddelkram versteckt ist, stand ein schmales Regal mit einem Aufkleber in Schwarz-Rot-Gold. Ich habe den Typ am Tresen gefragt, was das für Filme seien, und was glaubst du, was er mir geantwortet hat?

VATER: Keine Ahnung.

JUDITH: Deutsche Filme ohne Rainer Redlich.

VATER: Das ist doch ein Witz?

JUDITH: Nein! Ich habe mich selbst überzeugt. Es stand dort tatsächlich auf einem Schild.

VATER: Gibt es die Videothek noch?

JUDITH: Nein, sie musste schließen, weil sich die junge Generation die Filme aus dem Netz herunterlädt.

VATER: Weißt du, Judith, es gibt zwei Sorten von Schauspielern, - solche, die wenig machen, weil sie wählerisch sind, - dagegen ist nichts zu sagen, - und solche, die ständig Filme drehen, um nicht aus der Übung zu kommen; und zu denen zählt auch Rainer Redlich. Sie spielen alles, nur um etwas zu tun. Das sind die Akrobaten, und die anderen sind die Aristokraten, die mit ihrem Talent haushalten und doch nicht mehr gute Filme machen wie die Akrobaten.

JUDITH: Das ist traurig.

VATER: Nur wenn du glaubst, dass Schauspielen etwas ganz Besonderes sei. Im Schauspielen steckt genauso viel Kunst wie im Kochen, - nicht weniger, aber auch nicht viel mehr. Und am Ende gleicht sich die Bilanz aus, weil es einfach zu wenig gute Drehbücher gibt.

JUDITH: Das ist hart ---

VATER: Das ist wahr, hart, aber wahr, ja.

BEIDE SCHWEIGEN.
LICHTWECHSEL.

IV.

DER SCHAUSPIELER UND DER REDAKTEUR SITZEN AM TISCH MIT DER SITZBANK. DER REDAKTEUR HAT AUF DEM STUHL PLATZ GENOMMEN UND DER SCHAUSPIELER AUF DER THRONBANK. DER SCHAUSPIELER TRÄGT EINE RIESIGE SONNENBRILLE, UM NICHT ERKANNT ZU WERDEN. DER REDAKTEUR HAT EINE FOTOTASCHE MIT. WÄHREND DES INTERVIEWS MACHT ER SICH NOTIZEN. DER REDAKTEUR TRINKT MINERALWASSER, DER SCHAUSPIELER WEIZENBIER.

REDAKTEUR: Wie war der Flug, Herr Redlich?

SCHAUSPIELER: Gut. *(DER SCHAUSPIELER LACHT.)* Mir tun jetzt noch die Arme weh.

REDAKTEUR: Würden sie es noch mal machen?

SCHAUSPIELER: Ich habe es gemacht, aber ich würde es nicht noch einmal tun. Nein.

REDAKTEUR: Das Gefühl hinterher soll großartig sein.

SCHAUSPIELER: Es ist magisch und tragisch zugleich. Erst fühlt man sich einfach großartig; man steht neben sich, und dann merkt man aber, dass man gar nicht so riesig ist, wie man sich vorkommt, - so riesengroß. *(DER SCHAUSPIELER LACHT.)*

REDAKTEUR: Was haben sie gedacht, als sie das Drehbuch lasen?

SCHAUSPIELER: Dass ich Höhenangst habe. *(DER SCHAUSPIELER LACHT.)*

REDAKTEUR: Trotzdem sind sie gesprungen? Sie hätten sich ja auch doubeln lassen können?

SCHAUSPIELER: Ich hatte wohl mehr Angst vor dem Regisseur als vor dem Krankenhaus. *(DER SCHAUSPIELER LACHT.)* Nein, ich dachte, wenn ich die Klippe raufsteige und nicht springe, dann lachen die mich alle aus und denken, das ist kein Held, das ist ein Angsthase, aber als ich dann gesprungen bin, habe ich mich schon gefragt, ob ich das mache, weil ich es muss oder weil ich so bin. Hinterher ist mir dann klar geworden, dass ich so bin und einfach nicht anders kann.

REDAKTEUR: Was ist dabei die größte Gefahr?

SCHAUSPIELER: Das Gesicht zu verlieren. *(DER SCHAUSPIELER LACHT.)* Nein, mit dem Kopf zuerst einzutauchen. Das kann richtig gefährlich werden. Man kann sich alle Knochen brechen, das Handgelenk, den Ellbogen, die Schulter. Wenn man Pech hat, landet man im Krankenhaus. *(DER SCHAUSPIELER LACHT.)*

REDAKTEUR: Aber das Gesicht bleibt gewahrt?

SCHAUSPIELER: Bingo. *(DER SCHAUSPIELER LACHT.)*

LICHTWECHSEL.

V.

URSULA UND HILDE HABEN KAFFEE UND KUCHEN BESTELLT. BEIDE SIND VORNEHM GEKLEIDET UND LIEBEN ECHTEN SCHMUCK UND GROSSE DAMENHÜTE ÜBER ALLES. HILDE IST FÜLLIG, URSULA SCHLANK.

URSULA: Ich habe zu ihr gesagt: „Ich muss um halb neun dort sein, nüchtern. Und wenn ich dich bis halb zehn nicht anrufe, dann untersuchen sie mich ganz." Und so war's dann auch. Sie haben alles bei mir untersucht. Eigentlich wäre noch gar nicht die Zeit gewesen, aber sie haben mich früher drangenommen. Um acht Uhr dreißig hatte ich den Termin, und ich bin schon um acht Uhr dort gewesen. Den Termin hat mir die Arzthelferin aufgeschrieben gehabt. Und um acht Uhr dreißig bin ich schon im Behandlungszimmer gelegen, die Arzthelferin hat mir den Blutdruck gemessen, das EKG gemacht und auch Blut abgenommen, stell' dir nur vor.

KLEINE STÜCKE
Das Erzählcafé – Bestell-Nr. 12 363

KAFFEE UND KRÜMEL ODER DAS ERZÄHLCAFÉ

HILDE: Sie haben gleich alles gemacht?

URSULA: Ja. Dann habe ich mich noch wiegen müssen, und dann ist der Doktor reingekommen ---

HILDE: Wie viel wiegst du?

URSULA: Dreiundfünfzig Kilo.

HILDE: So viel Kilo habe ich gewogen, als ich einundzwanzig war. Zu der Zeit war ich noch ein richtiges Mängelwesen.

URSULA: Der Doktor hat mich untersucht und gesagt: „So, Frau Panofsky, jetzt ziehen Sie sich an und gehen rüber in das andere Behandlungszimmer." Und dort hat er dann noch Ultraschall gemacht.

HILDE: Und?

URSULA: Dann hat die Arzthelferin mir so ein Faltblatt gegeben, in dem allerhand drinstand, und da waren auch so Kästchen zum Ankreuzen. Die Arzthelferin hat etwas reingestempelt, auch in ein rotes Feld, und da habe ich mir gedacht, das junge Ding wird schon wissen, was es tut. Ich habe ein bisschen drin gelesen, aber nicht alles, und wie sie mir das Faltblatt gegeben hat, stand da Polyarthrose, - was kann das sein?

HILDE: Mehrere Gelenke erkrankt.

URSULA: Mehrere? Da stand Polyarthrose, und da hat der Doktor ein Kreuzchen gemacht. Polyarthrose, stark. Nun, der Doktor hat der Arzthelferin das Faltblatt gegeben, und wie er mit mir fertig war, bin ich raus und zu der anderen Arzthelferin hin. Ich sage: „Ich kriege noch ein Papier, hat der Doktor gesagt. Ich krieg's heute noch." Und die Arzthelferin hat gesagt: „Ja, Frau Panofsky, Sie kriegen's gleich, aber der Doktor muss es erst noch unterschreiben." Und dann bin ich ins Wartezimmer, und da saß nur ein Herr drin, sonst niemand. Der hatte eine dunkle Sonnenbrille auf. Ich habe meinen Mantel angezogen und wollte raus, und da ist der Herr aufgestanden und hat mir die Tür aufgehalten.

HILDE: Alte Schule.

URSULA: Ja. Und die Patienten, die nun kamen, sind alle zu der Arzthelferin hin. Und auf einmal kommt der Doktor raus und sieht mich da stehen. „Auf Wiedersehen, Frau Panofsky", sagt er und dreht sich um. „Herr Doktor, das muss noch unterschrieben werden", hat die Arzthelferin gesagt. „Ach ja", hat er gesagt. Dann hat er's unterschrieben, erst auf einer Seite, dann hat er's rumgedreht und auch hinten unterschrieben. Na ja, dann habe ich das Faltblatt bekommen, und die Arzthelferin hat mir noch einen Termin gegeben. Am zweiten muss ich jetzt rüber zum Befund. Neun Uhr.

HILDE: Zum Befund? Nach EKG und Ultraschall weiß er doch, was los ist.

URSULA: Nach dem EKG ist er reingekommen und hat gesagt: „Frau Panofsky, das EKG ist gut. Auch der

Blutdruck ist gut." Ich habe dann gesagt: „Ich habe in der linken Seite manchmal so ein Stechen." In der linken Brust, verstehst du?

HILDE: Ja.

URSULA: „Ja, Frau Panofsky, das untersuchen wir gleich", hat er gesagt. Dann hat er mich untersucht, aber weiter nichts gesagt. Der Blutdruck war hundertdreiundvierzig. Den anderen Wert habe ich vergessen. „Der Blutdruck", hat er gesagt, „ist in Ordnung, und das EKG ist auch in Ordnung."

HILDE: Nun, das ist doch gut.

URSULA: Und beim Ultraschall hat er auf der rechten Seite angefangen und gleich die Niere gehabt. „Oh, die Niere ist in Ordnung", hat er gesagt. Dann ist er zur Leber. „Die ist in Ordnung." Und so ist er mit dem Ultraschall langsam herumgefahren bis auf die linke Seite. „Ist die linke Niere auch in Ordnung?", habe ich gefragt. „Ja, ja", hat er gesagt. „Die Niere sieht gut aus." Na ja, die Operation ist jetzt zehn Jahre her, sogar mehr als zehn Jahre, elf Jahre ist es jetzt schon her. Ich bin damals gerade sechzig geworden, ach Gott.

HILDE: Einundsiebzig ist doch kein Alter, Ursel.

URSULA: Für einen Baum vielleicht.

HILDE: Ursel, im Kopf sind wir so jung wie unsere Kinder und im Spiegel so alt wie unsere Mütter und darum doppelt interessant, nicht wahr?

URSULA: Wenn du es sagst.

HILDE: Ja. *(HILDE KICHERT.)*

LICHTWECHSEL.

VI.

LINUS UND MARIA SETZEN IHR GESPRÄCH FORT.

LINUS: Wie schmeckt der Nusskuchen?

MARIA: Köstlich. Hast du ihn gesehen?

LINUS: Wen?

MARIA: Es gibt so wunderbare Filme mit ihm, --- wie heißt er bloß?

LINUS: Wer?

KAFFEE UND KRÜMEL
ODER DAS ERZÄHLCAFÉ

MARIA: Am Tisch ganz hinten, der mit der Sonnenbrille. Mir liegt der Name auf der Zunge! Wie heißt er nur? Ich habe sonst ein sehr gutes Gedächtnis - *(MARIA HUSTET.)*. Ich weiß, es ist nicht schön, sich selbst zu loben, aber sonst habe ich ein sehr gutes Gedächtnis.

LINUS: Ja. *(LINUS SEUFZT.)* Leider.

MARIA: Außer Namen. Namen kann ich einfach nicht behalten. Das ist eine Katastrophe.

LINUS: Da bist du nicht allein. Mir geht es genauso.

MARIA: Ich kann Namen einfach nicht behalten.

LINUS: Wie der Bundestagspräsident heißt, kann ich mir auch nie merken. Bundeskanzler, Bundespräsident, Bundestrainer, kein Problem, aber Bundestagspräsident? Kein Speicherplatz frei.

MARIA: Theresa wüsste ihn.

LINUS: Seit wann interessiert sich Theresa für Politik?

MARIA: Ich meine den Namen des Schauspielers, nicht des Bundesdingsda ---

LINUS: Bun-des-tags-prä-si-dent.

MARIA: Theresa wüsste ihn.

LINUS: Meinst du?

MARIA: Theresa wüsste ihn.

LINUS: Meinst du?

MARIA: Bestimmt.

BEIDE SCHWEIGEN.
LICHTWECHSEL.

KAFFEE UND KRÜMEL ODER DAS ERZÄHLCAFÉ

VII.

DER REDAKTEUR UND DER SCHAUSPIELER SETZEN DAS INTERVIEW FORT.

REDAKTEUR: Was tun sie gegen böse Blicke? Wie kommen sie damit zurecht?

SCHAUSPIELER: Ich kümmere mich nicht darum, was die Kritiker von mir denken. Ich habe mich früher darüber geärgert, aber inzwischen habe ich mich daran gewöhnt, und ich kann sagen: Leute! Ich bin immer noch da -, und andere sind es nicht! *(DER SCHAUSPIELER LACHT.)*

REDAKTEUR: Trotzdem muss der Ball von beiden Seiten gespielt werden.

SCHAUSPIELER: Den größten Druck erzeugt man ja in sich selbst - und nicht andere von außen. Wenn man sich aber längere Zeit nichts mehr traut, weil etwas schiefgegangen ist, dann kann man sicher sein, dass es nichts mehr wird. Ohne Mut geht nun mal gar nichts. *(DER SCHAUSPIELER LACHT.)*

LICHTWECHSEL.

VIII.

WÄHREND SICH JUDITH UND IHR VATER WEITER UNTERHALTEN, BREITET DIE BEDIENUNG DAS TISCHTUCH ÜBER DEN LEEREN TISCH.

JUDITH: Es ist schön hier. So viel Bugholz.

VATER: Ja, das Café hat Stil.

JUDITH: Nur die Bedienung passt nicht hierher. Sie hat einen zu sinnlichen Mund.

VATER: Was? Na ja.

JUDITH: Wie die Bardame von Manet.

VATER: Findest du?

BEIDE SCHWEIGEN.
LICHTWECHSEL.

IX.

MERLE UND ZAHA SETZEN IHR GESPRÄCH FORT.

MERLE: Wann fängst du mit dem Studium an?

ZAHA: Dieses Jahr noch.

MERLE: Und was wirst du studieren?

ZAHA: Kunst.

MERLE: Kunst?

ZAHA: Ja.

MERLE: Und was genau? Bildhauerei? Malerei? Architektur?

ZAHA: Kunstgeschichte. *(ZAHA LACHT.)*

MERLE: Kunstgeschichte?

ZAHA: Ja, Kunstgeschichte und Archäologie. Ich möchte später in einem Museum arbeiten.

MERLE: Hast du großes Heimweh?

ZAHA: Hast du keines?

MERLE: Manchmal, ja.

ZAHA: Wenn ich den Studienplatz habe, fahre ich einmal im Jahr nach Hause, nur um meine Heimat nicht zu vergessen. Ich weiß, wenn ich drei oder vier Jahre hierbleibe, dann werde ich alles vergessen.

MERLE: Ich glaube nicht, dass du in drei oder vier Jahren alles vergessen haben wirst. Du wirst dich hier nie so fühlen wie zu Hause ---

ZAHA: Nein! Du fährst weg und findest den Weg nicht mehr zurück. Das ist schon vielen Leuten passiert.

MERLE: Du meinst, dass sie sich verirrt haben?

ZAHA: Nicht verirrt! Sie denken nicht mehr zurück!

MERLE: Ja, das kenne ich.

ZAHA: Ich glaube nicht. Du kannst jederzeit in dein Land zurück, aber andere können das nicht, und darum denken sie auch nicht mehr zurück.

MERLE: Weil sie dort nichts ändern können.

ZAHA: Zum Beispiel.

MERLE: Schlimm.

ZAHA: Ja.

BEIDE SCHWEIGEN.
LICHTWECHSEL.

X.

URSULA UND HILDE SETZEN IHR GESPRÄCH FORT.

URSULA: Es ist milder geworden.

HILDE: Es war richtig kühl, ja.

URSULA: Kühl ist es noch, aber in der Frühe hat es geregnet, so ganz fein - wie Spinnfäden, ganz fein, aber ich habe nichts gemacht, bis sich der Regen gelegt hat. Dann bin ich auf den Balkon und mit dem Lappen drüber, und die Fliesen sind gleich wieder ganz trocken gewesen.

HILDE: In der Frühe war es nicht so kühl, vielleicht elf Grad, nicht kälter.

URSULA: Ja?

HILDE: Aber einen Tag davor war's recht kühl.

URSULA: Im Radio haben sie durchgegeben, es soll heute über neunzehn Grad werden ---

HILDE: Neunzehn?

URSULA: Neunzehn, ja. Und morgen soll es noch wärmer werden.

HILDE: Na ja, die Jahreszeit ist so.

URSULA: Über neunzehn oder so. Ich habe aber nicht genau Obacht gegeben, ja. So langsam wird es Frühling. Und dann haben wir wieder Sommer, wo die Sonne mir tagsüber ins Zimmer scheint.

HILDE: Du hast viel Licht da?

URSULA: Ich habe den halben Tag die Sonne, wenn sie scheint.

HILDE: Das Licht ist etwas Zauberhaftes. Im Hochhaus lebe ich in einem dunklen Loch.

BEIDE SCHWEIGEN.
LICHTWECHSEL.

XI.

MERLE UND ZAHA SETZEN IHR GESPRÄCH FORT.

MERLE: Was ich vorhin sagen wollte ---

ZAHA: Ja?

MERLE: Bei mir wollte ein Student Französisch lernen.

ZAHA: Dein Freund?

MERLE: Nein, mein Freund studiert nicht mehr. *(MERLE LACHT.)* Er ist Schauspieler. Also, wir machten eine Stunde Französisch gegen eine Stunde Deutsch in der Woche aus. Der Student hatte nicht mehr Zeit.

ZAHA: Was hat er studiert?

MERLE: Philosophie.

ZAHA LACHT.

MERLE: Wir haben uns ein paarmal getroffen, aber irgendwie klappte es nicht. Eine Stunde in der Woche ist für eine Sprache eigentlich viel zu wenig. Schließlich hat er mich nicht mehr angerufen, und ich habe ihn auch nicht mehr angerufen. Er hat Foucault im Original gelesen, aber er wollte sich nicht mit mir auf Französisch unterhalten. Ich weiß auch nicht, warum er sich vor der Sprache so gefürchtet hat. Ich weiß es nicht.

ZAHA: Hast du ihm nicht gesagt, dass er mit dir französisch sprechen muss, damit er die Sprache wirklich lernt?

MERLE: Ja, aber er wollte nicht. Er verstand alles, aber sprechen - nein!

ZAHA: Er traute sich nicht?

MERLE: Nein.

ZAHA: Merkwürdig.

MERLE: Ich weiß nicht, was er mir damit sagen wollte.

ZAHA: Ich kann in deiner Sprache schweigen.

BEIDE LACHEN.
LICHTWECHSEL.

XII.

HILDE UND URSULA SETZEN IHR GESPRÄCH FORT.

HILDE: Zum Geburtstag hat mir meine Tochter ein Buch geschenkt über Rainer Redlich, stell' dir vor.

URSULA: Der Schauspieler?

HILDE: Ja.

URSULA: Ich habe ihn gestern im Fernsehen gesehen.

HILDE: Das kann sein. Er macht jetzt auch Werbung.

URSULA: Nein, in einem Film. Kliffspringer. Na ja, es ist schon ein bisschen übertrieben gewesen, was sie da gezeigt haben.

HILDE: Das muss so sein.

URSULA: Findest du?

HILDE: Das Buch hat ein Journalist geschrieben.

URSULA: Sag' nur!

HILDE: Ja. Und er schont ihn nicht.

URSULA: Es muss nicht alles stimmen, was da steht.

HILDE: Oh doch, es ist alles wahr! Und es ist mit sehr viel Humor geschrieben. Du solltest es lesen.

URSULA: Ich weiß nicht ---

HILDE: Ich kann es dir leihen.

URSULA: Danke. Vielleicht später einmal. Wie geht es deiner Tochter?

HILDE: Es geht. Sie hält sich tapfer.

URSULA: Ja, so schnell kann es gehen. Wer hätte das gedacht. Wie alt war ihre Kleine?

HILDE: Sieben.

URSULA: Und haben sie den Fahrer inzwischen gefunden?

HILDE: Nein, sie suchen noch.

URSULA: Ja, die Raserei hat schon viele Unschuldige ums Leben gebracht.

BEIDE SCHWEIGEN.
LICHTWECHSEL.

XIII.

ZAHA UND MERLE SETZEN IHR GESPRÄCH FORT.

ZAHA: Meine Sprache mögen die Leute hier nicht.

MERLE: Sie mögen deine Sprache nicht?

ZAHA: Nein, sie mögen sie nicht. Zum Beispiel Französisch oder Englisch - Englisch brauchen viele im Studium oder im Beruf, und sie suchen sich eine Freundin oder einen Freund, um Englisch zu lernen ---

MERLE: Sie können doch auch einfach so mit dir befreundet sein, oder?

ZAHA: Nicht die Leute von hier. Sie sind so, - wie soll ich sagen, - sie wollen immer etwas von dir nehmen, weißt du?

MERLE: Es ist, glaube ich, etwas komplizierter. Mit mir zum Beispiel wollen auch nicht alle befreundet sein. *(MERLE LACHT.)* Ich bin anders als die meisten. Zum Beispiel habe ich meinen Freund kennengelernt, weil ich ihn angesprochen habe. *(MERLE LACHT.)* Nicht er hat mich angesprochen. Ich habe ihn angesprochen.

ZAHA: Macht ihr das in Kanada immer so?

MERLE: Nein, überhaupt nicht.

BEIDE LACHEN.
LICHTWECHSEL.

XIV.

DER REDAKTEUR UND DER SCHAUSPIELER SETZEN DAS INTERVIEW FORT.

REDAKTEUR: Sie haben viel im Ausland gedreht?

SCHAUSPIELER: Ich war zwei Jahre in den USA und hatte mich auch schon eingelebt. Ich wollte dort eigentlich bleiben, aber nach „Kliffspringer" musste ich zurück, und jetzt zieht es mich eigentlich nach Kanada.

REDAKTEUR: Sie haben sich verliebt?

SCHAUSPIELER: Ich dementiere nicht.

REDAKTEUR: Das nehme ich jetzt als Ja.

SCHAUSPIELER: Jaaaaah. *(DER SCHAUSPIELER LACHT.)*

REDAKTEUR: Warum ist es so schwierig, das zuzugeben?

SCHAUSPIELER: Ich weiß es nicht. Ich frage mich auch warum -, vielleicht weil es eigentlich Privatsache ist?

BEIDE SCHWEIGEN.
LICHTWECHSEL.

XV.

HILDE UND URSULA SETZEN IHR GESPRÄCH FORT.

HILDE: Und? Hat er heute schon angerufen?

URSULA: Wer?

HILDE: Dein Sohn.

URSULA: Ja.
HILDE: Und?

URSULA: Er hat gemeint: „Wer sagt, dass ich jeden Tag bei dir anrufen muss. Warum muss ich?" Ich sage: „Wie? Was?" Es war fast so weit, dass wir uns Tiernamen gegeben hätten. Sage ich: „Was willst du? Streiten? Oder was willst du?"

HILDE: Mmh.

URSULA: Na ja, ich bin ja so glücklich, wenn ich die Nacht durchschlafen kann. Gestern abend ist im Fernsehen doch der Film mit Rainer Redlich gezeigt worden, und wie ich mich hingelegt habe, war es, glaube ich, schon viertel vor zwölf. Ich habe mich hingelegt, und was denkst du, Hilde, wann ich aufgewacht bin? Es ist, glaube ich, schon auf sieben Uhr gegangen. Ich bin nicht einmal wach geworden. Ich habe mich hingelegt und bin so eingeschlafen, aber den Tag davor habe ich die ganze Nacht über kein Auge zugetan.

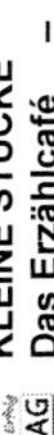

KLEINE STÜCKE – Bestell-Nr. 12 363
Das Erzählcafé

HILDE: Du warst müde vom Fernsehen.

URSULA: Gestern bin ich die ganze Nacht wach gelegen und habe mir so allerhand dummes Zeug über legt, - ey!, was einem alles im Kopf herumgeht, wenn der Mensch nicht einschlafen kann, aber jetzt die Nacht -, ich habe mich gewundert. Das gibt es doch nicht, dass ich - ich denke, das war gestern Nacht der Vollmond. Bei Vollmond schlafe ich immer so schlecht. Dann kann ich nicht schlafen. Ich bin eine Frühaufsteherin, und wenn Vollmond ist, dann gibt es manchmal solche Nächte, dass ich um ein oder halb zwei Uhr wach werde, und dann kann ich mich nicht mehr hinlegen. Dann gehe ich im Zimmer auf und ab, - bis anderthalb, zwei Stunden, auf und ab, auf und ab wie ein Soldat. Einmal - es war halb zwei, bin ich bis fünf Uhr wach gewesen. Dann habe ich mich hingelegt und bin wieder eingeschlafen. Und wie ich aufgewacht bin, ist es auf acht Uhr gegangen. Es war schon sieben Uhr durch. Na ja, da muss ich noch einmal eingeschlafen sein. Ey, wenn der Mensch nicht schlafen kann, dann gute Nacht. Wenn du Tag und Nacht alleine bist, dann wirst du mit der Zeit ganz verzweifelt.

HILDE: Na ja, du gehst doch ins Café.

URSULA: Nur ganz selten, und schon gar nicht, wenn so ein ekliges Wetter ist, nein! Vorgestern war es zum Beispiel richtig eklig.

HILDE: Trotzdem musst du raus, damit du unter Leute kommst.

URSULA: Na ja.

HILDE: Unterhaltung muss sein, Ursel.

URSULA: Ja, ja.

BEIDE SCHWEIGEN.
LICHTWECHSEL.

XVI.

DER REDAKTEUR UND DER SCHAUSPIELER SETZEN DAS INTERVIEW FORT.

REDAKTEUR: Wie kamen sie zu „Kliffspringer"? Die Rolle war ja ursprünglich anders besetzt.

SCHAUSPIELER: Ich bin da sozusagen reingeschlittert. Ich kannte den Regisseur. Eigentlich war ich nur die Aushilfe, die Feuerwehr sozusagen, weil der Darsteller krank wurde. Der Regisseur und ich waren zusammen auf der Schauspielschule, und aus Freundschaft habe ich dann ja gesagt, als er mich angerufen hat. Das ist wie beim Fußball -, der Trainer hält seine besten Spieler in Reserve. *(DER SCHAUSPIELER LACHT.)*

REDAKTEUR: Spielen sie Fußball?

SCHAUSPIELER: Nein, ich habe früher gespielt, aber mittlerweile nicht mehr. Ich gucke auch keine Bundesliga. Ich habe nicht mal einen Fernseher. *(DER SCHAUSPIELER LACHT.)*

REDAKTEUR: Im Ernst?

SCHAUSPIELER: Ich lese lieber. Carl Zuckmayer zum Beispiel. Ich hatte ganz vergessen, wie gut er ist.

REDAKTEUR: Wie ein Esel, der sprechen kann. Mich hat er nicht beeindruckt.

SCHAUSPIELER: Mich schon. In den Stücken hat er doch viel Wichtiges zu sagen.

REDAKTEUR: Ich weiß. *(DER REDAKTEUR LACHT.)* Ich mache doch nur Spaß.

SCHAUSPIELER: Würden sie ihren Freund opfern, um die Welt vor dem Teufel zu retten? Überlegen sie mal. Das ist gar nicht so einfach zu entscheiden.

REDAKTEUR: Haben sie viele Freunde?

SCHAUSPIELER: *(DER SCHAUSPIELER LACHT.)* Ich kenne viele Leute, aber ich würde nicht behaupten, mit allen befreundet zu sein.

REDAKTEUR: Ich meine richtige Freunde, Blutsbrüder.

SCHAUSPIELER: Echte Freundschaften sind sehr anstrengend und müssen gepflegt werden, aber ich bin eine schlechte Krankenschwester. *(DER SCHAUSPIELER LACHT.)*

REDAKTEUR: Sie sind lieber alleine?

SCHAUSPIELER: Ja, ich weiß auch nicht warum. *(DER SCHAUSPIELER LACHT.)* Aber am liebsten bin ich mit einer Frau allein. *(DER SCHAUSPIELER LACHT.)*

REDAKTEUR: Okay, jetzt noch ein Foto, Herr Redlich.

DER REDAKTEUR HOLT DIE KAMERA AUS DER FOTOTASCHE. MIT EINEM SUMMEN STELLT SICH DAS OBJEKTIV DER DIGITALKAMERA SCHARF.

REDAKTEUR: Und jetzt bitte lächeln.

SCHAUSPIELER: Ihr Journalisten wollt immer, dass ich in die Kamera lächle.

REDAKTEUR: Entspannen Sie sich! Seien Sie ganz locker!

SCHAUSPIELER: Ich bin aber kein Lächler. Ich bin wie ich bin, - meistens schlecht gelaunt. *(DER SCHAUSPIELER LACHT.)*

REDAKTEUR: Ja, so bleiben. Danke!

KAFFEE UND KRÜMEL ODER DAS ERZÄHLCAFÉ

DER VERSCHLUSS DER DIGITALKAMERA WIRD AUSGELÖST.
LICHTWECHSEL.

XVII.

MERLE UND ZAHA SETZEN IHR GESPRÄCH FORT.

MERLE: Bestimmt war der Anfang für dich auch sehr schwer?

ZAHA: Was denkst du? Jeder Anfang ist schwer. Du gehst in ein fremdes Land, wo dich niemand kennt, und wenn dich niemand kennt, ist das Leben gleich doppelt so schwer. Am Anfang war ich nur in der Sprachschule oder im Geschäft von meinem Onkel. Später habe ich in der Sprachschule dann zufällig eine andere Irakerin getroffen.

MERLE: Ihr seid miteinander befreundet?

ZAHA: Ja. Sie studiert hier Medizin und geht auf die Sprachschule, um Englisch zu lernen.

MERLE: Und andere Freundinnen? Hast du auch deutsche Freundinnen?

ZAHA: Nein.

MERLE: Wieso nicht?

ZAHA: Wieso nicht? Ich gehe auf eine Sprachschule. Da gibt es keine Deutschen. *(ZAHA LACHT.)* Doch. Es gibt dort auch welche, aber sie haben einen Beruf und keine Zeit für Bekanntschaften. Sie lernen Fremdsprachen für ihren Beruf. Und sonst gibt es nur Ausländer auf der Schule. *(ZAHA LACHT.)*

MERLE: Als ich hierher kam, war ich am Anfang auch viel alleine.

ZAHA: Du hast deinen Freund nicht in Kanada kennengelernt?

MERLE: Nein, ich habe ihn erst hier kennengelernt. Sein Französisch ist nicht besonders, und sein Englisch auch nicht. *(MERLE LACHT.)*

ZAHA: Er wollte also nicht bei dir Kanadisch lernen? *(ZAHA LACHT.)*

MERLE: Nein, wir haben uns anders kennengelernt.

ZAHA: Wie? In einer Bar? *(ZAHA LACHT.)*

MERLE: Nein, hier in dem Café.

ZAHA: Zufällig? *(ZAHA LACHT.)*

MERLE: Ja und nein. *(MERLE LACHT.)* Meine Freundin kannte ihn aus Amerika. Wir saßen hier im Café, und er war hier zu einem Interview verabredet. Sie hat sich kurz mit ihm unterhalten, und dann habe ich meine Freundin nach seiner Telefonnummer gefragt und ihn angerufen, ob er mit mir essen gehen möchte.

BEIDE LACHEN.
LICHTWECHSEL.

XVIII.

HILDE UND URSULA SETZEN IHR GESPRÄCH FORT.

HILDE: Stell' dir nur vor, vorgestern bin ich zum Müllcontainer und habe etwas reinschmeißen wollen, und da sitzt ein kleines Mädchen drin.

URSULA: Im Müllcontainer?

HILDE: Ja, und die Mutter ist auch da gewesen. Sie hat das Kind in den Müllcontainer gesetzt.

URSULA: Ey! Und im Müll herumsuchen lassen?

HILDE: Bestimmt.

URSULA: Was hat das Mädchen dort finden können?

HILDE: Im Hochhaus werfen die Leute auch vieles weg, was noch zu gebrauchen ist.

URSULA: Auch Wertvolles?

HILDE: Ich weiß nicht. Einmal lag ein Sofa drin, ein rotes Sofa. Unser Müllcontainer ist wirklich riesig.

URSULA: Wie alt ist das Mädchen gewesen?

HILDE: Acht, neun Jahre ungefähr. Ich bin am Nachmittag hin, und wer denkt sich schon, dass da ein Kind im Müllcontainer sein könnte. Das ist doch. Ich weiß gar nicht, wie ich sagen soll.

URSULA: Und die Mutter ist auf der Seite gestanden?

HILDE: Ja, die Mutter ist daneben gestanden.

URSULA: Und hat das Mädchen was gesagt?

HILDE: Was soll es gesagt haben?

URSULA: Ich weiß nicht, Hilde.

HILDE: Vielleicht hat das arme Kind auch was gesagt. Ich weiß nicht, Ursel. Ich weiß es nicht. Ich verstehe die fremde Sprache doch nicht.

HILDE WEINT.
LICHTWECHSEL.

XIX.

JUDITH UND IHR VATER SETZEN IHR GESPRÄCH FORT.

VATER: Schön, dass du gekommen bist, Judith. Du siehst gut aus. So erholt. Da könnte man neidisch werden.

JUDITH: Wärst du doch mitgekommen zu Großmama!

VATER: Sie hängt sehr an dir, auch wenn sie das so nicht zu erkennen gibt. Ich hoffe, du bist nicht wieder so grob zu ihr gewesen, als ihr über mich geredet habt. Sie ist nicht mehr die jüngste und regt sich schnell auf; außerdem ist sie meine Mutter, und Mütter mögen es nun einmal nicht, wenn über ihre Kinder schlecht gesprochen wird.

JUDITH: Weißt du noch, was sie letztes Mal gesagt hat? Zehntausend sollte dir die Zukunft deiner Tochter schon wert sein.

VATER: Das hat sie gesagt?

JUDITH: Du weißt ganz genau, was sie gesagt hat. Ihr Rechtsanwälte seid alle gleich.

VATER: Es tut mir leid, dass ich Rechtsanwalt bin.

JUDITH: Warum gibst du mir dann nichts? Zehntausend sind doch kein Geld für dich.

VATER: Was ist mit dem Modemacher, mit dem du zusammen bist? Wie heißt er doch gleich? Roberto?

JUDITH: Du bist noch geiziger, als ich dachte. Deiner Geliebten würdest du bestimmt alles geben.

VATER: Vielleicht ist Roberto einfach in der falschen Branche und sollte etwas weniger Anspruchsvolles anfangen.

JUDITH: Roberto macht, was er am besten kann.

VATER: Du meinst, er kann es nicht besser?

JUDITH: Du wirst zynisch, Papa. Nein, ich meine, was er macht, macht er gut, weil es zu ihm gehört, und was zu einem gehört, wirft man nicht einfach so weg, wie du es mit Mama und mir gemacht hast.

VATER: Zehntausend sind ein Haufen Geld, Judith.

JUDITH: Und ich bin deine Tochter, oder?

VATER: Mmh.

JUDITH: Ein bisschen begeisterter könnte das schon klingen.

VATER: Ja.

JUDITH: Dann gib' mir wenigstens tausend. Ich werde mich sonst nicht mehr mit dir treffen.

VATER: Das ist Erpressung.

JUDITH: Du bist mein Vater. Das bist du doch?

VATER: Das bin ich.

JUDITH: Dann hilf mir. Ich brauche das Geld wirklich.

VATER: Nein!

JUDITH: Wieso nicht?

VATER: Du musst das anders anstellen, Judith.

JUDITH: Wie?

VATER: Wieso hast du nicht genug Geld?

JUDITH: Was heißt genug?

VATER: Genug heißt, du musst über Geld nicht mehr nachdenken.

JUDITH: Ich muss über Geld aber noch nachdenken, Papa.

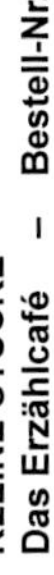

VATER: Obwohl du nicht dumm bist?

JUDITH: Worauf willst du hinaus?

VATER: Woran liegt es wohl, dass du nicht genug Geld hast?

JUDITH: Vergiss es! Bist du mein Vater oder nicht?

VATER: Wieso?

JUDITHS MOBILTELEFON LÄUTET.

VATER: Muss ich dich deswegen immer gewinnen lassen?

JUDITH: Ja! So sind die Regeln.

JUDITHS MOBILTELEFON LÄUTET.

JUDITH: Pardon. *(JUDITH HOLT DAS MOBILTELEFON AUS DER HANDTASCHE UND SPRICHT INS TELEFON)* Hey! Ich kann jetzt nicht. Ich rufe dich später zurück. Ciao! *(SIE LEGT AUF UND STECKT DAS TELEFON IN DIE TASCHE ZURÜCK.)* Entschuldigung.

VATER: Gut, ich gebe dir das Geld.

JUDITH: Im Ernst?

VATER: Ja.

JUDITH: Bei Rechtsanwälten kann man ja nie wissen.

VATER: Selbstverständlich als Darlehen.

JUDITH: Einverstanden.

VATER: Gut. Du kommst morgen zu mir in die Kanzlei.

JUDITH: Einverstanden, und danke, Papa.

VATER: Für was?

JUDITH: Dass ich dich so ausnutze.

VATER: Du meinst mit Kaffee und Kuchen und so? Die Rechnung geht auf die Kanzlei.

JUDITH LACHT.
LICHTWECHSEL.

KAFFEE UND KRÜMEL ODER DAS ERZÄHLCAFÉ

XX.

LINUS UND MARIA SETZEN IHR GESPRÄCH FORT.

LINUS: Wie es ihr wohl geht?

MARIA: Wen meinst du?

LINUS: Theresa.

MARIA: Wie kann es ihr wohl gehen? Was denkst du?

LINUS: Ich weiß nicht.

MARIA: Habe ich dir eigentlich erzählt, dass ich sie letzte Woche getroffen habe?

LINUS: Nein, hast du nicht.

MARIA: Sie hat mich angerufen, und wir haben uns hier im Café getroffen. Bei ihr zu Hause wäre das ganz unmöglich gewesen. Dort steht sie ja unter der Fuchtel, also, zu Hause ist sie völlig versklavt.

LINUS: Das ist nicht so wie bei uns.

MARIA: Das hoffe ich doch!

LINUS: Bei uns ist es genau umgekehrt.

MARIA: Das sehen andere aber nicht so.

LINUS: Was?

MARIA: Dass es bei uns genau umgekehrt ist.

LINUS: Weil wir es für uns behalten haben. Es ist unser kleines Geheimnis, Maria. *(LINUS LACHT.)*

MARIA: Theresa hat sich ihm völlig untergeordnet.

LINUS: Das ist ihre Natur.

MARIA: Weißt du, sie ist ein richtiger Engel. Sie hilft jedem.

LINUS: Mich wollte sie ständig bekehren. Sie hat es wieder und wieder probiert.

MARIA: Trotzdem ist Theresa ein wunderbarer Mensch. Als ich im Krankenhaus lag, hat sie mich besucht.

KLEINE STÜCKE – Bestell-Nr. 12 363
Das Erzählcafé

LINUS: Ich sage ja auch gar nichts gegen sie als Mensch.

MARIA HUSTET.

LINUS: Was hast du?

MARIA: Ein Krümel. *(MARIA HUSTET.)* Ich habe einen Krümel im Hals.

LINUS: Hier, nimm' einen Schluck von meinem Kaffee.

MARIA: Danke.

LINUS: Ich sagte zu ihr, als sie wieder über ihr Lieblingsthema reden wollte: „Alles, Theresa, alles, was du willst, aber das Thema lassen wir lieber. Mich kannst du nicht bekehren." Und so ist es doch auch, nicht wahr?

MARIA HUSTET.

DIE BÜHNENBELEUCHTUNG WIRD SANFT HERUNTERGEDIMMT UND ERLISCHT. BIS AUF DIE BEDIENUNG VERLASSEN ALLE SCHAUSPIELER DIE BÜHNE. IM DUNKELN SIND SCHRITTE UND DAS KLIRREN VON GESCHIRR ZU HÖREN. DIE BÜHNENBELEUCHTUNG WIRD SANFT HOCHGEDIMMT. DER GASTRAUM IST JETZT GLEICHMÄSSIG HELL ERLEUCHTET. DIE BEDIENUNG RÄUMT DAS GESCHIRR AUF EIN TABLETT UND FALTET DIE TISCHTÜCHER ZUSAMMEN UND GEHT DANN MIT DEM TABLETT UND DEN TÜCHERN NACH HINTEN AB. ALS DER GASTRAUM MENSCHENLEER IST, ERLISCHT DIE BÜHNENBELEUCHTUNG.

SCHULD UND SCHICKSAL

Personen:

Miriam Hentze
Dennis, ihr Freund
Cäcilie, ihre Tante
Nachrichtensprecherin
Bastian Wollny, Busfahrer
Rainer Maria Brandt, Unfallzeuge
Theodor Boddenberg, Unfallzeuge
Schrotthändler

Kurzinhalt:

Eine Unfallaufnahme stellt das Denkmuster von Schuld und Schicksal in Frage.

Ort der Handlung:

Wechselnde Schauplätze.

Spieldauer:

20 Minuten

JEMAND DREHT AM FREQUENZWÄHLER EINES RADIOS, DAS ALLES AUFSAUGT, STIMMEN, MELODIEN, GERÄUSCHE, BIS DAS ZEITZEICHEN DER RUNDFUNKNACHRICHTEN ERTÖNT, DAS SICH KLAR UND DEUTLICH VON DIESEM LÄRM ABHEBT.

<u>NACHRICHTENSPRECHERIN</u>: Dreizehn Uhr. Die Nachrichten. Zunächst die Übersicht. In einem blauen Lastwagen hat die Polizei die aus dem Haus der Geschichte der Bundesrepublik Deutschland gestohlene „Schuld" entdeckt. In Deutschland ist der Zugverkehr nach den Ausfällen durch das Sturmtief Dagobert wieder in Gang gekommen. Und nun die Meldungen im einzelnen. Die „Schuld" ist heute in das Haus der Geschichte der Bundesrepublik Deutschland zurückgekehrt. Die Plastik der Schweizer Bildhauerin Gudrun Rückert war am Sonntag aus der Dauerausstellung des Bonner Museums gestohlen worden. Drei Tage darauf hat die Polizei die 280 Kilogramm schwere Eisenplastik in einem blauen Lastwagen sichergestellt. Ein Mann sei festgenommen worden, sagte der Leiter des Landeskriminalamts in Düsseldorf. Dem mutmaßlichen Dieb sei ein Verkehrsunfall zum Verhängnis geworden. Die Polizei hatte landesweit nach einem blauen Lastwagen gefahndet, der am Tag des Raubs vor dem Haus der Geschichte gesehen worden war. Der Diebstahl hatte nicht nur in Deutschland für große Empörung gesorgt. Die „Schuld" hat die Gestalt eines Garnknäuels und besteht aus 4481 Meter Eisendraht. Die Plastik soll an die Schreckenszeit des nationalsozialistischen Regimes in Deutschland erinnern. Ihr Wert wird auf 1,2 Millionen Euro geschätzt.

STARTSIGNAL EINES DIKTIERGERÄTS.

<u>BRANDT</u>: Schadensfall 3/2019/13. Heute morgen bin ich mit dem Linienbus 5 die Rosenstraße entlang gefahren. Ich habe in Fahrtrichtung rechts an der vorderen Tür gesessen. Ob der Bus an der Ecke Bahnhofstraße kurz gehalten hat, kann ich nicht sagen, und ich habe auch nicht gesehen, ob die Fußgängerampel auf Rot oder Grün gestanden hat, als der Bus in die Bahnhofstraße eingebogen ist. Ich weiß aber noch genau, dass der Bus sehr langsam, ja fast im Schneckentempo gefahren ist. Das ist mir aufgefallen, weil es eigentlich ganz selten vorkommt, dass der Bus so langsam fährt. Ob der Busfahrer das Tempo gedrosselt hat, weil die Fußgängerampel in der Bahnhofstraße noch auf Grün stand, kann ich nicht sagen, weil ich nicht darauf geachtet habe. In der Bahnhofstraße ist der Bus dann mit einem Ruck an der Ampel stehengeblieben, und ich habe noch gesehen, wie die junge Frau mit dem Kopf gegen die Windschutzscheibe geprallt ist. Ich kann mich aber nicht erinnern, welches Signal die Fußgängerampel in diesem Augenblick angezeigt hat, denn durch die Vollbremsung ist ein älterer Herr, der auf dem Sitz neben mir saß, hingestürzt, und ich musste mich erst einmal um ihn kümmern. Der ältere Herr sagte, ihm sei nichts passiert, er brauche nur seinen Stock, und ich habe ihm dann hochgeholfen. Ich kann bestätigen, dass sich der Busfahrer sehr besonnen verhalten hat, obwohl er sichtlich unter Schock stand. Er hat erst über Funk den Krankenwagen und die Polizei gerufen und sich dann um die junge Frau gekümmert, die circa einen halben Meter vom Zebrastreifen entfernt auf dem Boden lag und im Gesicht stark geblutet hat. Die junge Frau ist vom Bus weder überrollt noch mitgeschleift worden. Als sie gegen den Bus gelaufen ist, hat die junge Frau vermutlich gerade ein Telefongespräch geführt, denn neben dem rechten Vorderreifen des Busses lag ein kaputtes Mobiltelefon auf dem Zebrastreifen. Ich fahre fünf Tage in der Woche mit dem Linienbus 5 zur Arbeit, und obwohl ich es nicht mit eigenen Augen gesehen habe, bin ich mir ziemlich sicher, dass die junge Frau die Bahnhofstraße nicht bei Grün überquert hat. Steht nämlich die Verkehrsampel in der Bahnhofstraße auf Rot, dann haben die Fußgänger automatisch grünes Licht und das gelbe Warnsignal für Linksabbieger blinkt. Als der Bus sehr langsam von der Rosenstraße in die Bahnhofstraße eingebogen ist, muss die Fußgängerampel auf Rot umgeschaltet haben. Die junge Frau hat den Bus unmöglich übersehen können, und ich denke, sie hat nicht auf den Verkehr geachtet, weil sie in dem Augenblick von etwas, das nur sie weiß, abgelenkt gewesen ist. Der Busfahrer, Herr Bastian Wollny, und die Geschädigten, Frau Miriam Hentze und Herr Jakob Goldstein, sind mir persönlich nicht bekannt. Rainer Maria Brandt.

SIGNALTON EINER SPRACHBOX.

SCHULD UND SCHICKSAL

CÄCILIE: Miriam, hier ist Deine Tante Cäcilie. Ich habe gestern mehrmals bei Dir angerufen, aber Dein Telefon war gestört, und ich habe Dich nicht erreichen können. Anscheinend ist Dein Apparat immer noch gestört. Es meldet sich jedesmal der Anrufbeantworter, wenn ich Deine Nummer wähle. Also, ich hoffe, Du hast gestern nicht allzu lange am Bahnhof auf mich gewartet. Das Reisen ist wirklich eine mühselige Angelegenheit. Es kennt weder Ruhe noch Gewissheit. Und manchmal lässt sich das Ziel einfach nicht aus seinem Versteck locken. Ich bin schon im Zug gesessen, als plötzlich die Durchsage kam, die Abfahrt würde sich verzögern. Erst waren es siebzehn Minuten, dann einunddreißig. Schließlich mussten wir alle wieder aussteigen. Wegen einer Sturmwarnung war der Zugverkehr auf der ganzen Strecke für unbestimmte Zeit gesperrt. Auf dem Bahnsteig hat dann eine pubertierende Schulklasse den Schaffner umzingelt und ihm spontan ein Spottlied gesungen. Er hat mir wirklich leid getan. An der Streckensperrung ist er ja nicht schuld gewesen, aber das Spottlied fand ich sehr gut. Ich habe es mir sogar aufgeschrieben. Moment. Wo habe ich jetzt den Zettel hingelegt? Gerade lag er noch da. Ach, hier ist er ja. Das Lied geht so:

Nie wieder Deutsche Bahn.
Dauernd kommt man zu spät,
Weil überhaupt gar nichts geht.
Immer wieder Störung!
Immer rotes Signal!
Und das Zugbegleitpersonal?
Immer ohne Ahnung,
Immer ohne Ahnung!
Ehrlich, Leute, Ihr könnt uns mal!
Nie wieder Deutsche Bahn!

Nie wieder Deutsche Bahn! Das würde ich auch unterschreiben, obwohl ich weiß, dass ich das nächste Mal wieder den Zug nehmen werde. Ich vertrage das Busfahren ja nicht. Kurz und gut, Miriam. Ich wollte Dich nur wissen lassen, dass ich wegen des Unwetters gestern nicht kommen konnte, und es tut mir wirklich sehr leid, dass Du am Bahnhof umsonst auf mich hast warten müssen. Ich hoffe, Du bist mir deswegen nicht böse. Auf Wiederhören!

TIPPEN AUF EINER COMPUTERTASTATUR.

WOLLNY: Hallo Dieter! Ich habe inzwischen erfahren, dass Du Dich wegen meiner jetzigen Situation etwas hilflos fühlst, was ich gut verstehen kann. An Deiner Stelle würde es mir bestimmt genauso gehen, und Du sollst Dich jetzt bitte zu nichts genötigt fühlen. Ich kann gut verstehen, wenn Du nichts von Dir hören lässt. Ich wüsste auch nicht, was ich Dir in der gleichen Situation schreiben würde. Vermutlich habe ich Dich jetzt auch ungewollt in eine Zwickmühle gebracht. Du würdest mir vielleicht gerne helfen wollen, aber Du weißt nicht wie. Nun, indem Du Dich ganz normal verhältst. Ich versuche ja auch, mein Leben so normal wie möglich weiterzuführen. Ich weiß nicht, wie ich Dir das beschreiben soll. Es fällt mir unendlich schwer, wie Du Dir denken kannst. Ich bekomme zwar Hilfe von einer Psychologin und auch von den Kollegen, die mir den Rücken stärken, aber ich musste mit der Tatsache, einer jungen Frau die Nase gebrochen und ihr schönes Gesicht für immer entstellt zu haben, erst einmal alleine klarkommen. Wenn es nur nicht so schwer wäre! Mir ist schon klar, dass ich ungewollt alle damit belaste, aber es ist nun mal nicht zu ändern. So langsam habe ich mich aber daran gewöhnt. Nächste Woche ist die Verhandlung, und dann erfahre ich, ob ich den Bus wieder fahren darf. Wenn nicht, muss ich erst mal abwarten und mir überlegen, wie es weitergehen soll. Drück' mir die Daumen! Ich werde nicht kampflos aufgeben. Du kennst mich ja. So, nun bist Du auf dem neuesten Stand, und was immer Du jetzt auch tust, ich habe für alles Verständnis. Ciao, Bastian.

SCHULD UND SCHICKSAL

ANLASSEN EINES DIESELMOTORS.

MIRIAM: Werden euch die Überstunden eigentlich bezahlt, Dennis?

DENNIS: Na ja, es heißt, wir könnten sie abbummeln.

MIRIAM: Super! Dann kannst du ja meine Tante mit mir vom Bahnhof abholen.

DENNIS: Miriam, lass mich doch ausreden! Dauernd redest du dazwischen.

MIRIAM: Du doch auch.

DENNIS: Das ist unhöflich.

MIRIAM: Das ist es!

DENNIS: Miriam! Jetzt bin ich dran. Es heißt zwar, wir könnten die Überstunden abbummeln, aber vorgestern ist ein Kollege zum Chef zitiert worden, weil er seine Überstunden aufgeschrieben hat, und eine Standpauke über Teamwork möchte ich mir wirklich nicht antun.

MIRIAM: Du hast selbst gesagt, es würde bestimmt einen guten Eindruck machen, wenn wir Tante Cäcilie gemeinsam vom Zug abholten.

DENNIS: Das soll ich gesagt haben?

MIRIAM: Du weißt ganz genau, was du gesagt hast!

DENNIS: Ich kann mich aber nicht erinnern.

MIRIAM: Du bist noch schlimmer, als ich dachte. Ich hasse dich!

DENNIS: Ich weiß.

MIRIAM: Du tust gerade so, als würde ich dir überhaupt nichts bedeuten.

DENNIS: Das ist nicht wahr, und das weißt du auch.

MIRIAM: Warum fragst du nicht einfach deinen Chef, ob er dir heute frei gibt?

DENNIS: Das geht nicht.

MIRIAM: Angsthase!

DENNIS: Das ist nicht so einfach, wie du denkst.

MIRIAM: Du hast es doch gar nicht versucht.

SCHULD UND SCHICKSAL

DENNIS: Das glaubst du.

MIRIAM: Und? Was hat dein Chef gesagt?

DENNIS: Nichts. Er ist heute nicht da.

MIRIAM: Um so besser für dich!

DENNIS: Du bist unmöglich, Miriam!

MIRIAM: Und du ein Angsthase.

DENNIS: Wo bist du gerade? Noch zu Hause oder schon unterwegs?

MIRIAM: Schon unterwegs, aber ohne meinen Angsthasen.

DENNIS: Sehr witzig! Ich mag deine Tante doch auch.

MIRIAM: Du magst sie?

DENNIS: Ja.

MIRIAM: Wirklich?

DENNIS: Ich kann sie gut leiden.

MIRIAM: Sehr überzeugend klingst du aber nicht.

DENNIS: Also, gut. Ich mag ihr Geld!

MIRIAM: Ihr Praktikanten seid doch alle gleich!

DENNIS: Wem sagst du das? Ich wäre auch viel lieber Chef.

MIRIAM: Sei nicht albern! Wieso machst du es nicht so wie ich? Ich stelle mir ihren Besuch wie eine Kreuzung vor.

DENNIS: Wo es ständig kracht, meinst du? Die Kreuzung kenne ich. Ich wohne dort mit dir.

MIRIAM: Lass mich ausreden! Eine Kreuzung, wo sich drei Wege treffen und gleich wieder auseinandergehen. Dass sie sich kreuzen, kannst du Unglück nennen, du kannst es aber auch Glück nennen, weil sie sich gleich wieder trennen werden.

DENNIS: Ich kann doch Unglück nennen, was ich will. Das ist mein gutes Recht.

MIRIAM: Klar, ist es das, aber lass mich erst mal ausreden. Ich finde das einfach nicht in Ordnung, wie du dich verhältst!

DENNIS: Und ich finde es nicht in Ordnung, wie du dich verhältst!

MIRIAM: Du benimmst dich wirklich unmöglich! Lässt du mich jetzt mal ausreden?

DENNIS: Du redest ja schon die ganze Zeit.

MIRIAM: Und du fällst mir ständig ins Wort! Darf ich jetzt meinen Satz zu Ende bringen? Oder nein, sag' du zuerst, was du sagen willst.

GENERALPAUSE.

BODDENBERG: Sehr geehrte Frau Hentze, durch Ihre Versicherung wurde ich über Ihre Bemühungen informiert, meine Aussage zum Unfall zu erhalten. Allerdings ist Ihre Post nicht bei mir angekommen, und ich möchte Ihnen hiermit meine Sicht auf das Unfallgeschehen mitteilen. Ich stand letzten Mittwoch mit meinem Wagen in der Bahnhofstraße bei Rot an der Ampel und wartete auf Grün. Vor mir stand ein blauer Lastwagen. In dem Augenblick, als die Fußgängerampel auf Rot umschaltete, überquerten Sie gerade den Zebrastreifen, während der Linienbus aus der Rosenstraße in die Bahnhofstraße einbog. Zum Glück fuhr der Bus ganz langsam, aber noch auf dem Zebrastreifen wurden Sie von ihm erfasst und stürzten hin. Das Ganze spielte sich im Bruchteil einer Sekunde ab. Sie bluteten stark im Gesicht, und ich sah, wie der Busfahrer ausstieg und sich um Sie kümmerte. Die Polizei kam und nach einer Weile auch ein Krankenwagen. Diese Aussage gab ich der Polizei zu Protokoll. Für weitere Rückfragen stehe ich Ihnen gerne zur Verfügung. Mit freundlichen Grüßen, Theodor Boddenberg.

MARTINSHORN.

MIRIAM: Liebe Tante Cäcilie, den Gips muss ich zwei Wochen tragen. Dann wird er abgenommen, und ich kann wieder als Kühlerfigur arbeiten, aber Scherz beiseite! Das Merkwürdigste habe ich dir noch gar nicht geschrieben. Frau Goldstein, unsere Nachbarin, ist seit kurzem Witwe, und Du wirst es nicht glauben, ich vermute, auch wegen mir. Ganz genau weiß ich es nicht, aber ich kann auch nicht beweisen, ihr Unglück nicht beeinflusst zu haben. An das Schicksal glaube ich nicht. Beim Schicksal ist ja alles bereits entschieden. Es spielt keine Rolle, was ich will und was nicht. Das Schicksal kommt mir vor wie ein Kerkermeister. Es lässt mir keine Wahl und macht alles gleich sinnlos wie der Zufall, nur auf eine andere Art. Beim Zufall ist ja nichts, wie es sein muss. Alles kann genauso gut auch anders sein. Der Zufall ist wie ein Zaubermeister. Bei ihm trifft etwas mit etwas zusammen, aber keiner kennt den Grund. Warum saß unser Nachbar letzten Mittwoch ausgerechnet in dem Bus, der mich angefahren hat? Auf die Frage gibt der Zufall keine Antwort. Trotzdem geht mir die Frage nicht aus dem Sinn. Dennis sagt, ich bilde mir das nur ein; ich suche mit verbundenen Augen, was sich gar nicht finden lassen will. Und vielleicht hat er sogar recht. Unser Nachbar ist etwas älter als seine Frau gewesen. Er hieß Jakob und ging schon am Stock. Stolpern und Hinfallen war für ihn der Schrecklichste aller Schrecken. Bei der Vollbremsung des Busses ist er nun gestürzt, und zunächst hat es auch so ausgesehen, als hätte er großes Glück gehabt. Im Krankenhaus hat der Arzt bei ihm keine inneren Verletzungen feststellen können und ihn wieder nach Hause geschickt. Am nächsten Tag hat unser Nachbar aber noch immer große Schmerzen gehabt. Er hat Dennis gebeten, ihn ins Krankenhaus zu fahren. Wie sie ihn dort geröntgt hatten, stellte sich heraus, er hatte sich beim Sturz das Becken angebrochen. Das wird schon wieder, hat der Arzt zu ihm gesagt, ein paar Wochen Bettruhe, und alles ist wieder gut. Aber nichts wurde wieder gut. Drei Tage später ist unser Nachbar im Krankenhaus gestorben. Den Leichnam brachten sie von der Station sofort in die Gerichtsmedizin. Sein plötzlicher Tod hätte ja etwas mit dem Sturz im Bus zu tun haben können. Zur selben Zeit ist Dennis mit der Nachbarin unterwegs ins Krankenhaus gewesen. Sie wollte ihrem Mann einen frischen Schlafanzug bringen. Sie kommt ins Krankenhaus, und ihr Mann liegt nicht mehr in seinem Zimmer. Er ist weg! Tot! Das ist ein Riesenschock für unsere Nachbarin gewesen! Von der Stationsschwester erfährt sie dann, ihr Mann ist vor einer halben Stunde an einem Herzinfarkt gestorben, aber wer weiß, ob das so gestimmt hat. Wer einmal irrt, der irrt auch zweimal. Dennis und ich besuchen die Nachbarin jetzt öfters, damit sie nicht so alleine ist. Ihren Mann will sie anonym bestatten lassen. Er hat es sich so gewünscht. Viele liebe Grüße, Miriam.

ZUSCHLAGEN EINER METALLTÜR.

SCHROTTHÄNDLER: Diebstahl? Was wisst Ihr schon von Diebstahl? Ihr Polizisten denkt doch alle gleich verkehrt. Warum versetzt Ihr Euch nicht mal in meine Lage? Fünfeinhalb Zentner Eisen hat sich die junge Dame bei mir geborgt. Fünfeinhalb Zentner! Das sind viereinhalb Kilometer Rund-Draht. Und ich Idiot habe ihr den Draht noch geliefert. Irgendwie hat sie mir leidgetan. Das gebe ich zu. Sie kam mit dem Fahrrad auf den Schrottplatz und hat gesagt, sie studiert an der Akademie und sucht jede Menge rostigen Draht für ein Kunstprojekt. Oder hat sie Kunstobjekt gesagt? Ich weiß nicht mehr. Es ist auch egal. Dass sie Ausländerin ist, habe ich nicht gewusst. Sie hat deutsch gesprochen, ohne Akzent. Ihre Hände sind mir gleich aufgefallen. Sie waren schmal und fein, nicht so plump wie meine. Ich habe ihr Fahrrad und den Draht auf den Lastwagen geladen und wir sind zu ihrem Atelier gefahren. Sei ein Kavalier, habe ich mir gesagt, sie kann die schwere Drahtrolle ja schlecht auf dem Fahrrad ins Atelier schaffen. Na ja, Atelier, ist eigentlich zu viel gesagt. Es ist bloß eine winzige Garage gewesen. Dort hat sie den Draht dann zusammengewickelt. Ich verfremde ihn, hat sie gesagt, aber ich habe nicht verstanden, was sie mit Verfremden meint. Ich Trottel! Sie hat den Draht wieder loswerden wollen. Das meinte sie. Mit Gewinn, versteht sich. Gewinnen kann sie aber nur mit Kunst. Das hat sie gewusst. Oh! Ich Trottel! Sie sagt also nicht, das ist verrosteter Draht, meine Herren und Damen, was ich ihnen verkaufen will. Kein Museum kauft verrosteten Draht. Das tun nur so vertrottelte Schrotthändler wie ich. Das weiß sie. Also betrügt sie ein bisschen. Und wie? Mit Worten. Die kosten ja nichts. Sie gibt meinem Draht einen Namen, einen Namen, den kein Ding haben kann. Ein solcher Name macht viel her bei den Leuten. Er verwirrt. An was denkt Ihr, wenn Ihr das Wort Schuld hört? An etwas Böses, Schreckliches, Gewaltiges, nicht wahr? Aber der Name ist völliger Blödsinn. Er besagt nichts. Das weiß sie. Und sie weiß auch, niemand lacht los, wenn im Museum ein Haufen verrosteter Draht so heißt. Und wisst Ihr auch warum? Unter Schuld stellt sich jeder etwas anderes vor. Und das ist der springende Punkt! Sie verkauft dem Museum keinen verrosteten Draht. Sie verkauft dem Museum eine Idee. Vom Draht selbst ist keine Rede mehr. Von ihren Schulden auch nicht. Und mich als Schrotthändler hat es nie gegeben. Und in dem Augenblick bin ich mir wie der größte Trottel auf der Welt vorgekommen. Das dürft Ihr mir glauben, Leute!

DREHEN AM FREQUENZWÄHLER EINES EINGESCHALTETEN RADIOS.

<u>NACHRICHTENSPRECHERIN</u>: Und nun eine erfreuliche Meldung für alle Bahnreisenden in Deutschland. Nach den witterungsbedingten Streckensperrungen im Raum Aachen, Frankfurt am Main, Hannover, Osnabrück sind in der Nacht wieder erste Züge gefahren. Viele Sturmschäden seien noch am späten Abend beseitigt worden, teilte ein Sprecher der Deutschen Bahn heute mit; der Fernverkehr habe seinen regulären Betrieb wieder aufgenommen, und auch im Nahverkehr seien die meisten Züge wieder fahrplanmäßig unterwegs. Am Mittwoch hatte das Sturmtief Dagobert in ganz Deutschland sowie im benachbarten Ausland zu schweren Störungen im Bahnverkehr geführt. Und hier noch einmal die Übersicht. In einem blauen Lastwagen hat die Polizei die aus dem Haus der Geschichte der Bundesrepublik Deutschland gestohlene „Schuld“ entdeckt. In Deutschland ist der Zugverkehr nach Störungen durch das Sturmtief Dagobert wieder in Gang gekommen. Das Wetter. Wechselnd bis stark bewölkt, vereinzelt noch heftige Sturmböen. In höheren Lagen Schneefälle. Tageshöchsttemperaturen: 3 bis 7 Grad. Das waren die Nachrichten.

PAUSENZEICHEN EINES RUNDFUNKSENDERS.